厭談
祟ノ怪

夜馬裕

竹書房
怪談
文庫

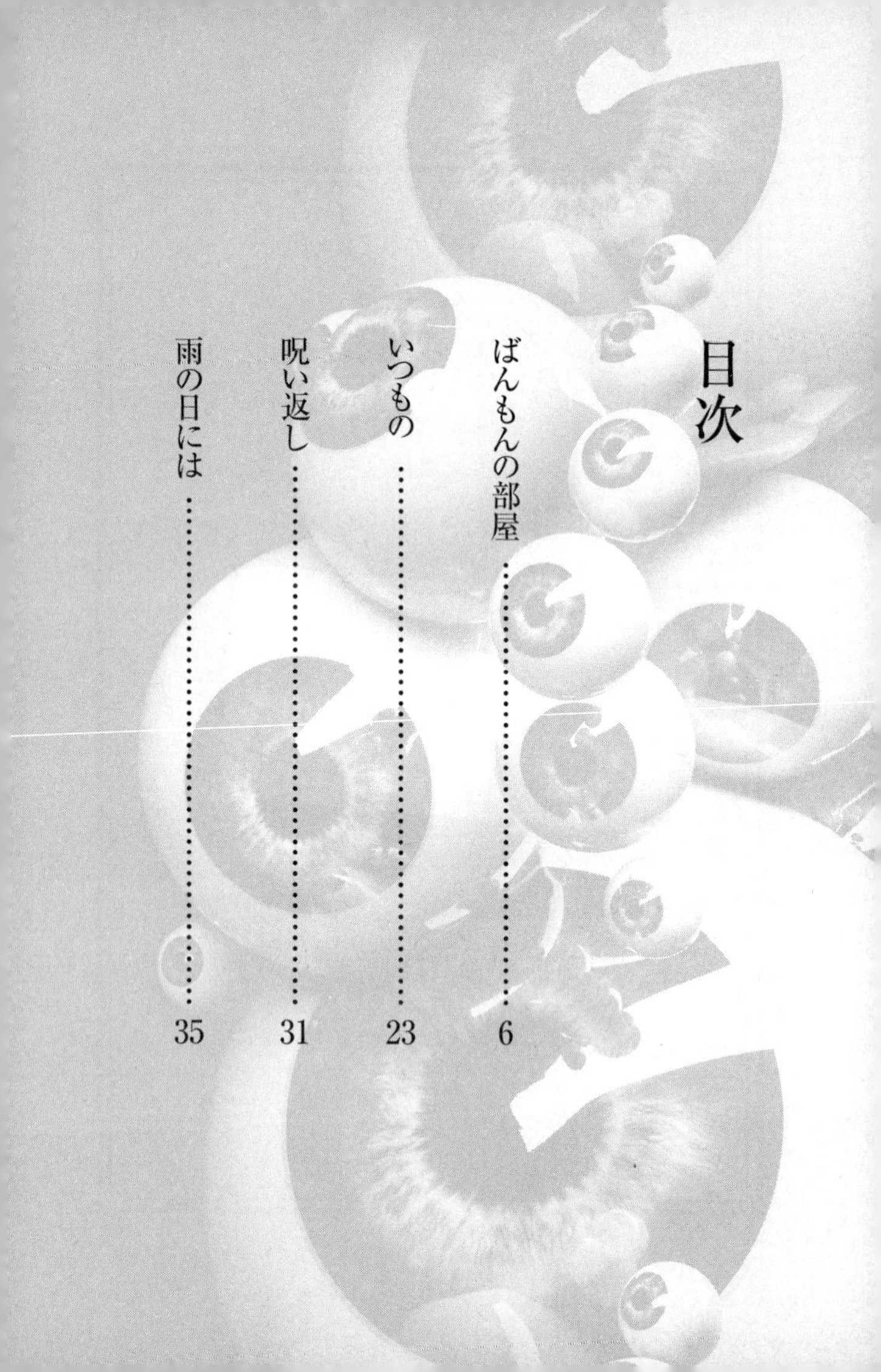

目次

ばんもんの部屋

「〝ばんもんの部屋〟って、勝手に名付けてる話なんですけどね……」

そう聞かせてくれたのは、浅井《あさい》さんという、個人経営で清掃業を営んでいる男性。

浅井さんは数年前、隣町にある集合住宅の清掃を請け負《う》うことになった。

そこは何棟もの共同住宅が建てられている団地なのだが、規模の大きい団地は、やはりある程度大手の清掃業者が請け負う。

当然、その団地にも、すでに大手の清掃業者が入っているのだが、なぜかB棟だけは浅井さんに頼みたいと連絡があった。別に誰かの紹介というわけでもなく、近隣の業者を調べていたら、たまたま彼の会社を目にしたらしい。

おそらくは、現在入っている清掃業者と、B棟の誰かがトラブルになったのだろう。

つまり、それだけ面倒な住人が居る、ということだ。

だが、そういう面倒事も含めて引き受けるフットワークの軽さがあるからこそ、個人経営でもやってこられた。会社組織の息苦しさより、一人の苦労を選んで生きてきた浅井さんは、詳しい裏事情などいちいち聞かず、B棟の清掃を引き受けることにした。

仕事内容は、週一回の清掃。廊下、階段、エレベーター内など、共用スペースを掃除する。五階建てだが、ワンフロアに三部屋と、そんなに大きな建物でもない。十分に引き受けられる範囲であった。

業務初日、浅井さんはまず、B棟の住人に挨拶をして回ることにした。案外、こういうことが余計なトラブルを避けるのだと、長年の経験でわかっているからだ。

加えて、依頼されている清掃以外の仕事も、各家庭から貰《もら》おうという色気もあった。浅井さんはビル清掃のほか、エアコンの掃除や水回りの清掃も請け負っており、むしろ通常は、こうした小口の仕事が大半である。他にも、窓のサッシやベランダの手すりなど、簡単な物なら補修工事も出来るため、挨拶をするついでに、各家庭へ自分を売り込んでおこうと思ったのだ。

不在の家も何軒かあったが、挨拶をできた部屋は、どこも普通の住人である。今のところ、前任者とトラブルになった雰囲気はない。

思い過ごしかと気が緩みかけたところで、四〇三号室の女性からは、「新しい人だから言っておくけど、五階に住んでる女はヤバいから、よーく気を付けてね」と、不安になることを言われた。

果たして五階に上がってみると、浅井さんはその荒廃ぶりにぎょっとした。

築年数は三十年近いが、改修やリフォームを重ねているからだろう、四階までは廊下も階段も綺麗である。

ところが、五階だけは、明らかにここしばらく改修の手が入っていない。壁は汚れてひび割れも目立つ。天井のコンクリートにも、配管の水漏れ染みがある。何より、廊下の床一面が土と砂だらけで酷《ひど》い汚れようである。

各階には三部屋ずつあるが、五階は真ん中の五〇二号室以外、誰も住んでいないのがひと目でわかった。インターホンと郵便受けが、ガムテープで塞《ふさ》がれているのだ。

B棟だけは、他棟を請け負う正規の業者ではなく、自分のような個人経営に仕事が巡ってきたのは、間違いなくこの部屋の住人のせいだろう。浅井さんは緊張しながら、インターホンを押した。

扉を開けて出てきたのは、四十代半ばほどの中年男性であった。浅井さんより少しだけ年上であろうか。不愛想に「なに？」と聞かれたので、新しく担当する清掃業者なので挨拶に寄らせてもらったこと、建物の清掃以外にも、依頼されれば各家庭の清掃も個別に請け負えることを伝えると、にわかに男性の顔が明るくなり、「えっ、じゃあウチの掃除も頼める？」と言われた。

開けた扉の隙間から、室内の饐《す》えた臭いが漂ってくるので、これは大変な仕事になりそうだと内心思いながらも、早速仕事が取れた嬉しさもあり、翌日改めて訪問することを約束した。

その日は、滞りなく建物内の清掃を終えた。五階の廊下は少々苦労したが、それでも土や砂を片付けると、荒れ果てた印象はずいぶんと薄れた。

翌日、約束通り五〇二号室を再訪すると、昨日の男性が迎えに出て来た。

浅井さんが玄関で靴を脱いでいる時、男性が室内へ「清掃の人が来たぞー」と呼びかけると、ぐぎぎぎ、と獣のような唸《うな》り声が奥から聞こえてきた。そして、バタバタと足音がした後、ガラガラと引き戸を締める音がして、そのままシンと静かになった。

浅井さんが唖然《あぜん》とした表情になったからだろう、男性は頭を掻《か》いて苦笑いしながら、「驚かせて悪いね。あれは俺の母親で、最近ちょっとおかしいんだけど、あんまり気にしないで。どうせ寝室に閉じ籠《こも》ったきり出て来ないから」と言われた。

部屋へ上がると、とても室内とは思えないほど、どこもかしこも土だらけであった。どう考えても、表の廊下はこの家の仕業だろう。

男性は「散らかってるから」と笑うが、とてもそんなレベルではない。長い清掃業の経験で、〝ゴミ屋敷〟は何度か経験しているが、土砂まみれの室内というのは今まで見たことがなかった。

奥のリビングらしき部屋では、生活に必要な物がすべて壁際に押しやられ、中央にはぎっしりと土が詰まった大きめの木箱が、合計六つも置かれていた。

「部屋の掃除を頼みたいんだけど、まずはコレの片づけから頼む。母さんが大量に集めてくるんだけど、元あった場所に戻してきてくれないかな」

男性が言うには、リビングだけでなく、奥の寝室にもさらに木箱があるという。

浅井さんは、男性が指差す寝室の扉を見てさらにギョッとさせられた。

二枚の扉が合わさった引き戸なのだが、各扉にはマジックで字が書かれていた。

平仮名で『ばんもん』と、大きく殴り書きされており、住人の狂気が感じられる。

「母さんは、あの部屋に閉じ籠って出て来ないんだよ。そのくせ、外に出ると土を掘って袋に集めてきてさ。勘弁してほしいよ」

そう言って、男性はどこか他人事のように苦笑いしているが、どう考えても普通の状況ではない。おそらく前任者もこの片付けを頼まれて、トラブルになったのだろう。正直、気の進まない仕事だが、ここで揉《も》めると、B棟の仕事を丸ごと失いかねない。

「戻しに行く場所が、遠方でなければ構いません」と引き受けると、男性は嬉しそうな様子で、「そりゃ助かる。じゃあ早速頼めるかな。戻す場所は、この部屋の真下、B棟の裏庭だよ」と言って、リビングの奥にある窓を開けた。

窓から外を覗《のぞ》くと、建物の裏手に設けられた小ぶりの庭が見えた。

木が植えられたり、花壇があったり、景観を作るための石や岩がいくつも置かれているが、ちょうど窓から見下ろした真下の位置には何もなく、そこには大きな穴が掘られていた。どうやら大量の土は、ここから運ばれて来たようである。

「すぐ下だから、自分で運べよ、と思うだろ。もちろん最初はそうしたよ。でも何度片付けても、母さんは土を掘って来ちゃうんだ。俺もうんざりしてさ、放っておいたらこの有り様だよ。ちゃんと金は払うから、悪いけど全部片づけてくれないか」

男性はそう言うと、後は頼んだ、用事があるから夕方戻る、と外出してしまった。

夕方には帰宅すると言うので、それまでに清掃を終わらせようと思ったが、いざ取りかかってみると、なかなか骨が折れる作業であることに気づかされた。

大量の土が詰まった木箱は、大人の力でも持ち上げられない。部屋をこれ以上汚さないように作業をする必要があるので、まずは小さな園芸用のスコップで土を袋へ入れ替えることにした。詰めた土がある程度の量になると、今度はその袋を持って下まで降り、裏庭へ回って穴に埋める。

これを延々と繰り返して三時間、ようやくリビングの木箱が片付いた。

とはいえ、まだ、奥の寝室にも木箱があるはずだ。そして、作業中は無音だったので気にしなかったが、寝室の扉の向こうには、土を掘り集めてきた張本人が居る。

「失礼しますね」と中へ声をかけながら、『ばんもん』と書かれた引き戸を開けると、扉のすぐ向こう側には、獣のように四つん這いになった老婆が、飛びかからんばかりに待ち構えていた。

自分を睨《にら》みながら、グルルルル、と威嚇《いかく》するように唸り声を上げる。

尋常ならざる状況に思わず後ずさりした浅井さんだが、見れば寝室の中も土砂まみれである。自分にも高齢の母親がいるので、年寄りがこんな不衛生な場所で暮らしているのは忍びない。息子の許可も取っているのだから、本人のためにも、きちんと片付けてあげなければ、と気持ちを奮い立たせた。

老婆は、ここは通さないぞ、と言わんばかりに寝室の入口に陣取って唸っていたが、「見てください、隣の部屋も綺麗になりましたよ。息子さんも困っているから、この部屋も綺麗にしましょう。嫌がられたって、無理にでも片付けますよ」と、なるべく丁寧な口調で話しかけると、次第に表情から険《けわ》しさが消え、寝室の奥へと引っ込んでいった。

寝室の中には、さらに木箱が四つあったので、浅井さんは同じ作業を再び二時間ほど繰り返した。ようやく片付く頃には、裏庭の大穴もほとんど埋まっていた。

その間、老婆はずっと風呂敷に包まれた何か大きな物の上に乗り、身体の下にそれを抱きかかえながら、じっと浅井さんを睨み続けている。

よほど大切な物なのだろう、と気にはなったが、せっかく順調に作業が進んでいるので、うっかり話しかけて機嫌を損ねてはいけない。風呂敷に包まれた何かを、守るように抱く姿を横目に見ながら、浅井さんは黙々と作業を進めていった。

開始から五時間、ようやく作業が終わるという頃に、男性が家へ帰ってきた。

片付いた室内を見て、「いやぁ、これはありがたい」と大喜びした後、「最後にもうひとつ頼まれてくれるかな。母さんは、庭から大きな石も盗ってくるんだけど、これだけは何回戻してても、すぐに拾って部屋に飾っちまう。もう年寄りだろ、あんな大きな石は危なくて心配なんだよ。これだけは庭に戻しても意味がないから、どこでもいい、母さんが拾いに行けないような、遠くへ捨ててきてくれ」と頼まれた。

もしやと思ったが、やはり老婆が抱える風呂敷の中身がその石らしい。

浅井さんは石を受け取ろうと何度か頼んでみたが、老婆は睨むか唸るかして、決して風呂敷を渡してくれない。次第に苛々《いらいら》した男性が、「いい加減にしろっ！」と大声で怒鳴ると、ギャッ……と悲鳴を上げて風呂敷を手放し、寝室の隅へ逃げると、そこで身を小さく丸めて震えはじめた。

老婆のことが気の毒になったが、家をこんなにされては、男性が怒るのも無理はない。「さあ、今のうちに頼む」という男性に促され、浅井さんは風呂敷を手に取った。かなりの重さがあり、隙間から覗くと、確かに大きな石が包まれている。浅井さんが持ち去ろうとすると、老婆はますます怯《おび》えた顔になった。

この石をどこかに処分すれば、あらかた片付いたことになるが、とはいえ、部屋中が土で汚れており、清掃完了にはほど遠い。男性の了承を得て本日の作業は一旦ここで終えると、室内の清掃はまた明日へ持ち越すこととなった。

Ｂ棟を出て駐車場へ行き、停めている車の中に、風呂敷に包んだ石や、清掃用具を積んでいると、後ろから「あのう……」と二人組の男が声をかけてきた。向こうも作業着を着ており、他棟の清掃をしている業者の人間だと名乗った。

彼らがちょうど清掃に訪れると、見かけない作業着の人間が、Ｂ棟の裏庭へ土を運んでは穴を埋めている。もしやＢ棟の新しい業者ではと思い、声をかけたのだという。

彼らの会社がＢ棟の清掃を断った後、何社か業者が入ったのだが、どの担当者も気味悪がって、ひと月も経たずにやめてしまう。お節介とは思いつつも、今度の人は大丈夫かと思い、心配になって話しかけてきたらしい。

浅井さんは、老婆が裏庭から掘り返した土をまた穴へ戻したこと、老婆の様子や室内の惨状などをかいつまんで話をすると、二人組は、よく引き受けましたね、肝が据わってるなあ、などと感心しつつも、「でも、おかしいのは、それだけじゃないんです」と声を潜め、Ｂ棟にまつわる話を聞かせてくれた。

Ｂ棟の各フロアには三部屋ずつあるが、実は中央の部屋に人が住んでいるのは五階だけで、もう何年もの間、一階から四階にかけて、中央の部屋には住人が居ない。

それにには根深い歴史があり、最初の異変を辿《たど》ると、もう二十年以上前のことになる。ある時、一階の真ん中の部屋に住んでいた男性が、部屋の外、裏庭に毎晩人が立っている、気味が悪いからどうにかしてくれ、と言い出した。

ところが、相談された管理会社が何度か確認しても、そんな人影は見当たらない。気のせいでしょう、と適当にあしらっているうちに、男性は窓枠に紐《ひも》をかけ、裏庭側へぶら下がって自殺してしまった。

その後、一階の中央の部屋は、誰か入居してもすぐ出て行ってしまうようになった。昔のことなので、詳しい話はわからないが、当時は良くない噂《うわさ》も色々と立ったようで、やがて不動産屋は無理に人を入れるのをやめ、以来、ずっと空き部屋のままとなった。

ここまでなら良くある話だが、それから数年経つと、今度はその真上、二階の中央の部屋に人が居つかなくなった。

事故で亡くなる、病気で急死するなど、理由はさまざまで、おそらく自殺者も出ているという。結局、一階と同じように、不動産屋は二階も人に貸さなくなった。

そして話はここで終わらず、異変は三階、四階と上がっていき、二十年以上経つうちに、今では一階から四階まで、真ん中の部屋は誰も住まなくなってしまったという。

次はいよいよ五階と噂されたが、そこに暮らす女性は剛毅《ごうき》な性格で、別棟に新しい部屋を用意するという不動産屋の勧めも断り、「長年住んでいる部屋から、くだらない世迷い事で出て行くものか」と言い張った。

ところが一年も経たないうちに、女性の奇行が目立つようになった。

窓を開けて、誰もいない裏庭に向けて怒鳴ったり、裏庭に立ったまま何時間も独り言を呟《つぶや》いていたりする。近所の人が心配して話しかけても、睨んだり、喚《わめ》いたりとまともな会話にすらならない。

三年前に各棟の壁や廊下を大幅改修した時には、建築業者が訪れるたびに老婆が棒を振り回すので、結局、Ｂ棟の五階だけは手つかずで残されることになり、嫌気がさした両隣の住人のほうが先に出て行ってしまった。

去年あたりから、女性は裏庭を掘り返すようになった。管理会社が何度埋めても大穴を空けるので、やがて穴は放置されたままになった。

ただ、どんなに奇行が酷くなっても、五階ではまだ、人が亡くなったり、事故などは起きておらず、女性も未だにあの部屋で暮らしている。

そもそも、妙なことが起きるのはＢ棟の中央部屋だけなので、唯一の住人である女性の奇行に知らんふりをすれば、何事もないように振るまうことが出来る。

だからここ数年は、団地の人間、管理会社、不動産屋、出入りの業者に至るまで、臭いものに蓋《ふた》をするように、全員がそれに触れるのをやめている。


信じ難い話を聞かされたが、わざわざ他の業者から心配されるほどなので、きっと本当のことなのだろう。

確かに、挨拶に寄っても、一階から四階まで、真ん中の部屋は誰も出て来なかった。老婆の様子を思い返しても、やはり異常なことが起こっているのは間違いない。

ただ、なぜ中央の部屋にだけ変なことが起こるのか。浅井さんがそれを質問すると、

「誰もはっきり知らないけれど、元々良くない土地だったらしいですよ。団地を建てる前は、裏庭のあの場所に、何かが祀《まつ》られていたらしくて、それを取り壊したのがまずかった、とは聞いたことがあります。祀られていたご神体は、団地を建てる時、B棟の裏庭のどこかへ、埋めるか置かれるかしたみたいなんですけど……」と教えられた。

浅井さんは最後に、一番気になっていたことを質問した。

「不思議なんですけど、おばあちゃんはおかしくなったのに、同居している息子さんは、

どうしてずっと平気なんですか？」そう尋ねると、二人組は顔を見合わせた。

「女性は独身の一人暮らしですよ。息子さんなんて住んでいません」

「それに、おかしくなってからは老けて見えるけれど、あの女性まだ五十代ですよ。中年の子どももなんているわけがない」

「ほら、やっぱり最初からヤバいことになってる」と、二人組には呆《あき》れ顔で指摘され、悪いことは言わないから、あまり長い間、清掃は引き受けないほうがいいと忠告された。

話を聞かせてくれた二人組へお礼を言って別れると、浅井さんはいったいどうすれば良いかわからなくなった。

女性が必死に抱きかかえていた姿を思い返せば、今、風呂敷の中にあるこの石が、きっと祀られていたご神体なのだろう。裏庭は景観に風情を出すために、石や岩が置かれている。ご神体の石は、きっとその中へ紛れ込ませるように置かれたに違いない。

どんなにおかしくなっても、ご神体の石を手元に持っているせいで、女性は良くないモノから身を守ることが出来たのではないか。だから女性は、それまでの人たちとは違って、亡くなったり事故に遭うこともなく、あの部屋で暮らせているのではないか。

そう考えると、自分はそんな大事な物を女性から取り上げてしまったことになる。そして、あの部屋に住んでいるはずのない、息子と名乗る男からは、二度と拾ってこられないように、石を遠くへ捨ててきてくれと頼まれた――。

もう日が沈みかけており、辺りには夜の闇が押し寄せている。

こんな話を聞いた後で、今からあの部屋には戻りたくない。

戻りたくはないのだが、ご神体を持ったまま、帰ってしまうわけにもいかない。

浅井さんは、去り際に見せた女性の怯えた顔を思い出し、意を決して、もう一度B棟へ、そして五〇二号室へと足を向けた。

五〇二号室の前に立ち何度かインターホンを押したが、誰も出て来なかった。中からは、一切の物音が聞こえてこない。ドアノブに手をかけると、鍵はかかっておらず、ギイッと玄関の扉が開いた。

中に入ると、消えかかった西日が窓から僅《わず》かに射し込むだけで、室内はすでに暗くなっている。恐るおそる先ほどのリビングへ入ったが、人の気配はどこにもなかった。

すみません、と呼びかけてみたが、シンとしたまま返事はない。

女性は寝室にいるはずである。無事でいてくれれば良いのだが。そう考えながら、寝室の引き戸に手をかけようとした時、ふと、違和感を覚えた。

よく見ると、二枚の引き戸は、先ほどと左右が逆になっている。ただ、引き戸についた取っ手の位置を見ると、どうやら本当は、現在のほうが正しい並びのようである。

先ほどは、二枚の扉にそれぞれ、「ばん」「もん」と書かれていた。

今は正しい位置に並び替わったので、「もん」「ばん」と書かれている。

もん、ばん……もんばん……門番。

まさか、女性は門番のつもりだったのか。

裏庭の土地から染み出す悪いモノは、一階からずっと上がってきた。

この部屋より上はないから、次は隣の部屋か、別の場所へ向かうかもしれない。

だから、裏庭の土を集めて、ご神体を祀って、かつてこの土地でそうしていたように、悪いモノをこの部屋で封じようとしたのではないか。

すべては、浅井さんの想像である。でも、そうに違いない、という確信もある。

震える手で寝室の扉を開けると、そこには、まるで人形のように動かなくなった女性が座っていた。急いで確認すると、どうやら息はしている。ただ、呼びかけても、肩を叩いても一切反応がなく、目を閉じたまま、微動だにせず座っている。

浅井さんは、女性の横にそっと風呂敷を置くと、「ごめんなさい……」と呟いた。

そして、この場を去ろうと腰を上げた時、浅井さんのすぐ後ろ、寝室の暗がりから、

「もう遅いよ」と、あの男の声がした。

その途端、弾かれたように女性が身をのけぞらせてキーーーッと奇声を上げ、それに重なるように、男の笑い声が、ギャハハハハ、と響きわたった。

浅井さんは、悲鳴を上げながら、転げるように部屋を飛び出した。

翌朝、管理会社へ清掃を辞めたい旨を伝えると、「最短記録だよ。あんた根性ないね」と電話口の若い男に嘲笑《ちょうしょう》された。

あの団地には、二度と足を踏み入れていない。だから、以降の顛末《てんまつ》はわからない。

もう恐怖はないが、胸の内に拭《ぬぐ》いきれない罪悪感がこびりついており、どうしても、女性の行く末を確認することが出来ない、と浅井さんは語ってくれた。

いつもの

下田《しもだ》さんは仕事を終えると、毎晩、同じ時間に、同じ道を通って帰宅する。

アルバイトが終わるのが、十九時。すぐに職場を出て、大通りを抜け、いつもの裏通りへ出るのが、十九時十五分。そして、通りの角にあるコンビニエンスストアで、晩御飯と酒を買い、すぐ近くのマンションへ帰宅するのが十九時半。

平日の下田さんは、出勤から帰宅まで、判で押したような生活を送っている。

ただ土曜の夜になると、あちこちの酒場を飲み歩き、一晩中どころか、翌日の日曜夕方まで、ひたすら飲んで飲みまくる。私が下田さんに出逢ったのも、彼が新宿の酒場で飲み回っている時であった。

饒舌《じょうぜつ》な人で、相手おかまいなしにひたすら喋《しゃべ》る。

ただ話の内容が、十代の頃は結構なワルで、地元ではやんちゃで知られていたとか、親が資産家でアルバイトは趣味みたいなものだとか、付き合った女性はみんな美人だとか、とにかく話の大半が自慢ばかりで、聞いているこちらが疲れてしまう。

私もこれまでに十数回は一緒に乾杯したが、正直なところを言えば、一方的な会話に毎回辟易《へきえき》させられていた。

だからその晩、行きつけのバーへ入店するなり、カウンターに陣取っていた下田さんから、「やあどうも、一緒に飲もう！」と手招きしながら挨拶されて、私はすっかりうんざりした気持ちになってしまった。

案の定、相変わらず延々と自慢話をしてくるので、耐え難《がた》くなった私は、実は長年怪談話を集めていることを話し、何か怖い目に遭ったり、恐ろしいモノを見た経験があればぜひ聞かせてほしい、と強引に話題をシフトした。

すると、「えぇーっ、なんで怖い話なんて集めてるの⁉」「アタマ大丈夫？」などと、すっかり馬鹿にされてしまい、やはり言わなければよかった……と後悔しはじめたところで、「ああ、でも幽霊でいいならこの前見たぞ、話そうか？」と、彼はまるで当たり前のことのように軽い口調で言ってきた。

アルバイトを終えて、大通りから裏通りへ入るのがだいたい十九時十五分頃。自宅近くのコンビニへ向かうその長い一本道では、ここ数か月、いつも同じ若者とすれ違う。

自分と同じように、決まった時刻に仕事が終わる生活をしているのだろうか、長い道の真ん中あたりで、毎晩、互いに逆方向へとすれ違って歩いていく。仕事着なのか、いつも同じジャンパー、同じ帽子という恰好なので見間違えることもない。

下田さんにとっては、毎日すれ違うこの若者もまた、ひとつの決まった生活のリズムになっていた。

ある晩、そのリズムがひとつ狂った。若者に連れが居たのである。

恋人なのだろうか、腕を組んで彼にぴったりと寄り添っている。

へえ、あまり冴えない雰囲気の若者だけど、こいつも案外やるもんだな、などと勝手に思いを巡らせながら、近づいて来る二人とすれ違いそうになった時、まるで空気に溶けるように、彼のすぐ目の前でスウッと女が姿を消した。

あまりのことに、驚くよりもまず、自分の目がおかしくなったと思い、何度も瞬《まばた》きをしながら、すれ違った若者の後ろ姿を見つめ続けたが、やはり女の姿はどこにもない。いつも通り、一人で歩く若者が、道の向こうへと遠ざかっていく。

その時はじめて、いま見たものはいったい何だったのかと思い、遅れてきた恐怖で全身に鳥肌が立った。

ただ、その晩だけでは終わらなかった。

次の日もまた、道の向こうから腕を組んだ二人が歩いて来ると、やはり下田さんとすれ違う直前で、女の姿がスウっと消えた。

二度も続けば、見間違いのはずもない。思わずすれ違った若者のほうを振り返ると、なぜか彼もこちらを振り向いており、下田さんをじっと見つめてくる。気味が悪くなり、下田さんは足早にその場を走り去った。

翌日からは帰り道を変えようと思ったが、決まった習慣を変更するというのは、どうにも気分が良くない。悩んだ末、結局はいつも通りに帰宅することにした。

やはり道の向こうからは、二人連れの影が近づいて来て、すれ違う直前、煙のように女が消える。そっと振り返ると、相手もこちらを振り向いて、じっと見つめてくる。

これを毎晩、繰り返したという。

変なもので、習慣になると、最初は怖かったことも、やがて当たり前のように思えてくる。下田さんは、この怪異もひとつの習慣として受けとめるようになり、そのまま二週間以上が経過していった。

その週末、下田さんはいつものように酒場巡りをしていたが、初めて入った地元の立ち飲み屋で、見覚えのある顔に出会った。なんと、例の若者が飲んでいたのだ。

向こうも下田さんの顔がわかったのだろう、目が合うと、あっ！　という驚きの表情を浮かべ、どこか怯《おび》えた様子で彼に声をかけてきた。

毎晩すれ違い、凝視し合っている相手ではあるが、突然声をかけられても、いったい何を、どこから話せばいいのかわからない。普段は饒舌な下田さんもさすがに言葉に詰まっていると、相手の若者は、怯えた雰囲気のまましばらく黙っていたが、やがて思い切った口調で、「僕の話を聞いてもらえませんか」と言ってきた。


毎晩仕事の帰り道、あなたとすれ違うんですけど、僕のことわかりますよね？

ある晩、いつものようにすれ違おうとした時に、それまで一人だったあなたの横に、突然ふわっと女が現れたんです。そして女と腕を組みながら、何事もないかのように歩いて行くから吃驚《びっくり》してしまって。

でも仕事で疲れていたから、うっかり二人連れだったことに気づかなかったのかな、そう思おうとしたんです。

だから翌日すれ違うときは、めちゃくちゃ意識しながら見たんですよ。

そうしたら、向こうから歩いて来る時は一人きりだったのに、やっぱりすれ違う直前になると、あなたの横に女がふわっと現れたんです。

驚いてもう一度確かめようと振り返ったら、あなたもこっちを振り向いていて、僕のことを物凄い目つきで見てくるから怖くなって。

もうあの道を通るのをやめようかと思ったんですけど、何が起きているのか確かめたい、その好奇心に勝てなくて、結局、毎晩あなたを観察していたんです。

まさか、こんな場所で会うとは思っていませんでしたよ。

あの、聞いていいですか。近づくと突然現れて、あなたと腕を組んで一緒に歩いて行くあの女、いったい何者なんですか？

この話を聞かされた下田さんは、女は姿を消したのではなく、すれ違う時、彼から自分へと移っていることにようやく気がついた。

興味津々に尋ねてくる若者に、自分もよくわからない、と適当に誤魔化《ごまか》すと、不満そうな彼を置いて店を出た。

そして翌日からは、いつもの道を通って帰るのをやめたという。

「あのまま毎日、女をバトンタッチされ続けていたら、最後にはいったいどうなったのか、考えるだけで怖くなるよ」

「オレが女を引き受けるのをやめて、あの若者が大丈夫なのかはちょっと心配になるけど、やっぱり自分がかわいいからねえ、知らん顔を決め込むことにしたよ。ほら、昔から言うでしょ、触らぬ神に祟りなし、って」

どこか得意気に言うと、下田さんは怪異の体験談を語り終えた。

そして、私が不思議な話の余韻《よいん》へ浸っているうちに、いつの間にか話題は当初の自慢話へと戻ってしまい、通っていた地元のキャバクラでナンバーワン嬢を見事射止めたことや、そうやって手に入れた美人妻が、毎晩自宅で彼を待っていることなどを、また延々と自慢しはじめた。

私は適当に相槌《あいづち》を打ちながらも、胸の内では、

「この人を以前から知っているけれど、先月まで独身だったはずなのに、いったい、いつ結婚したのだろう」

という疑念が、ふつふつと湧きあがるのを抑えられなかった。

ただ、決してそのことを口に出しはしなかった。

言った途端、今度は自分がその女を引き受けるような、厭《いや》な予感がしたからだ。

まったく貴方の言う通り、触らぬ神に祟りなし――。

心の中でそう呟《つぶや》き続けながら、夜が明けるまで、彼と長い乾杯を続けた。

呪い返し

遠藤《えんどう》さんは、働き盛りの三十代の頃、とにかく働いて、結果を出さなくては、という強迫観念に囚われていた時期があった。

睡眠を削り、妻と過ごす時間を捨て、友人を遠ざけ、趣味も忘れて、とにかく二十四時間、ひたすら仕事漬けの生活を送っていたそうである。


その日も明け方まで働き、せめて少しでも自宅で眠ろうと会社を出たが、疲れた目には朝日が眩《まぶ》し過ぎたせいか、クラっとして、階段で足を滑らせてしまった。

幸い怪我はなかったが、長年愛用している仕事鞄《かばん》が壊れてしまった。

転んで石段へ叩きつけた衝撃で、鞄の底が破れてしまい、中身がはみ出している。

大切にしていた鞄なので、落胆しながら破損個所を確かめていると、破れた部分からお札のような物が見えた。

毎日の仕事で使う鞄に、お札など入れた覚えはない。よく見ると、どうやら鞄の底敷きの裏側に貼り付けてあるのだが、こんな物が鞄に忍ばされているとは気づかなかった。

お札を剥《は》がしてよく観察すると、茶色の和紙に、朱色の梵字《ぼんじ》や呪術的な文様《もんよう》が書かれており、見るからに禍々《まがまが》しい雰囲気を醸《かも》し出している。

誰かが、こんな物をこっそり鞄に入れたのかと思うと、そこに明確な悪意が感じられて、とても厭《いや》な気持ちになった。


こんなことをやりそうな奴は、一人しか頭に浮かばない。

間違いなく、同期の城島《じょうじま》だろう。

入社当初から、何事においても自分のほうが常に先を越していき、昨年課長へ昇進してからは、城島は自分の部下になった。

それが面白くないのだろう、ことあるごとに逆らい、方々で陰口を叩き、さらには露骨に足を引っ張ろうとしてくる。

元から陰湿な男だったが、城島が付き合っていた経理の女を、半ば奪うようにして結婚してからは、ますます暗い目を向けてくるようになった。

よほど悔しかったのか、まだ未練があるのか、最近ではこっちの仕事が忙しいのをいいことに、時々隠れて妻に連絡を取っているらしい。

あんな男と未だに連絡を取り合う妻もどうかとは思うが、隠れてコソコソと人妻にちょっかいをかけるとは、本当に軽蔑《けいべつ》すべき浅ましい人間だ。

先日は、まったく仕事が出来ないことを、課員皆の前ではっきりと叱ってやったら、「いつか殺してやる」などと、上司に向かってとんでもないことを言ってきた。

早速、部長に報告して厳しく注意してもらったら、言い過ぎました、すみません、などと口では謝っていたが、上目遣いに睨《にら》んでくる暗い目つき、あれは本気の殺意だ。

絶対に城島だ、間違いない。

生意気にも、この私に対して、呪いなどをかけようとするなんて。

クソ野郎、ふざけるのもいい加減にしろ、役立たずのクズのくせに。

貴様こそ死ね。死ね、死ね、死ね、死ね、死んでしまえ――。


呪いが相手に返れと強く念じながら、お札を細かく千切って捨てると、不思議なことに、急に気分が軽くなった。

「それからなんですよ。あれほど仕事、仕事と焦っていた気持ちが消えて、すっかり余裕が出ました。あのままだと、追われるように働き詰めて、最後は過労死していたかもしれません」

「もちろん、今でも仕事は頑張りますよ。でも、趣味を持ったり、友達付き合いも出来るようになりました。やっぱり、変な呪いをかけられてたんでしょうね」

遠藤さんは、そう笑って話す。

「呪いの元凶の城島さんはどうなりました?」と訊いてみると、意外なことに、今でも元気に働いているという。

「ただ、思うところはあるのでしょう。あいつは妻と隠れて仲良くしてましたからね。あれ以来、僕のことを怯《おび》えた目で見るだけで、一切逆らわなくなりました」とのこと。

「死ねと念じてお札を破っても、呪い返しにはならなかったのですね」と私が言うと、

「いや、呪い返しはちゃんと効きましたよ。妻が、死にましたから」と、遠藤さんは爽《さわ》やかに笑いながら言った。

そして、「仕事一筋で家事がまったく出来ないので、そろそろまた、家政婦代わりの女を貰《もら》いたいですね」とほほ笑む遠藤さんを見て、私はただ絶句するばかりであった。

雨の日には

降りしきる雨の中、文市《ぶんいち》さんは傘をさして歩いていた。

ひどく頭がぼんやりして、自分がどこへ向かっているのか良くわからない。

家の近所というわけではないが、まったく知らない場所でもないようだ。周囲の風景には、どことなく見覚えがある。

ここは相当に街外れなのだろう。辺りには田畑や林が広がっており、その中で民家がまばらに建ち並んでいる。

自分の少し前を、薄紫の服を着た女性が歩いている。

ぼやけた頭でも、先を歩く女性が、自分の連れであることはわかった。

ただ、いったい自分は、どこを歩いているのだろう。

激しく降りしきる、ザーッという雨音を聴くと、うまく考えがまとまらない。

やがて先導する女性が振り向くと、「もうすぐ着きますよ」と言った。

顔を見ると、黒髪ショートカットの利発《りはつ》そうな女性である。年の頃は三十代前半だろうか。知っているはずなのだが、誰なのか名前が浮かんでこない。

やがて、目の前に大きな二階建ての家が現れた。

近づくと、玄関の入口には「きらきら園」と書かれたプレートが掲げられている。

女性は、「さあ、着きましたよ」と言うと、玄関の扉を開けて中へ入って行く。

文市さんも続いて玄関をくぐると、「おかえりー」と叫ぶ声とともに、奥からバタバタと足音がして、可愛らしい子どもが三人、玄関へ走り寄ってきた。

そして口々に、「新しいお父さんだ！」「おかえりー」「パパー！」と言ってくる。

お父さん？　自分が？　胸の内に疑問がわいたが、一方で、子どもたちの顔には明らかに見覚えがある。

先ほどから頭が酷《ひど》くボーッとするので、何だかよくわからない気持ちになり、結局、文市さんは「ただいま……」とだけ小さな声で呟いた。

小学校低学年くらいの男の子に、それより小さい五歳くらいの男の子、そして一番幼い三、四歳の女の子の三人。全員、嬉しそうな顔で自分のほうを見つめている。

女性は優しく微笑むと、「ただいま。たけおくん、たけこちゃん」と言った。

ところが、女性の声を聴いた途端、子どもたちからサッと笑顔が消えた。

そのまま一切返事をせず、無表情のまま黙り込んでいる。

女性はもう一度、「ただいま。たけおくん、たけこちゃん」と優しく声をかけた。

それでも、子どもたちはひと言も挨拶を返さない。全員、固い表情で俯《うつむ》いている。

文市さんは胸の内で、「三人居るのに、どうして二人にしか声をかけないのだろう」と不思議に思ったが、とてもそんなことを口にする雰囲気ではない。

やがて女性からは笑顔が消え、「あっそう。勝手にして」と冷たい口調で言うと、そのままスタスタと子どもたちの横を通り過ぎて行った。

女性がいなくなると、子どもたちはまた、ニコニコと文市さんを見つめてくる。

しばらく呆気《あっけ》にとられた文市さんだが、慌てて女性の後を追って家に入ると、彼女はそのままキッチンで食事の準備をはじめていた。

そして、「夕飯の準備ができるまで、子どもたちと遊んでくださいな」と言う。

どうも状況がつかめないまま、文市さんが「あっ、はい」と返事をすると、後ろで子どもたちが「部屋に行こう」「パパ遊ぼう」と賑《にぎ》やかにはしゃぎ出した。

子どもたちに手を引かれながら階段を上がり、二階の廊下に並ぶ扉のひとつを開くと、そこは子ども部屋らしき場所だった。

ベッド、机、衣装箪笥《だんす》が、どれも三つずつ置かれている。

その整然とした並べられ方は、普通の子ども部屋というよりも、学校や病院を思わせる雰囲気があり、玄関に掲げられた「きらきら園」の看板と合わせて考えると、どうやらここは、子どもを預かる何らかの施設かもしれない、と思った。

そうすると、先ほどの女性はここの管理者か、寮母さんのような存在だろうか。

「さっきのお姉さんは、君たちのお母さんかな？　それともここで面倒を見てくれている人？」と訊いてみると、一番年上の男の子が「あの女は嫌い」と不機嫌そうに返事をした。他の二人は、下を向いたまま何も言おうとしない。

仕方なく、「女の子は一人だから、お名前がたけこちゃんなのがわかるけど、君たちはどっちがたけおくんかな？」と男の子たちに尋ねると、やはり一番年上の男の子が返事をして、「僕たちの名前は、たけおでも、たけこでもないよ」と言った。

「えっ、でもさっきお姉さんがそう呼んでなかった？」

「あれは、あの女の死んだ子どもの名前。僕たちは違う名前なのに、ここに居る子はみんな、『たけお』か『たけこ』になっちゃう」と、年長の男の子が暗い声で答えた。

なるほど、先ほどの挨拶も、三人の内、二人だけに声をかけたわけではなく、男は全員たけお、女は全員たけこ、ということなのか。理屈はわかったが、それが亡くなった子どもの名前だとすれば、ずいぶんと気味の悪い話である。

子どもたちが無言になり気まずい空気が流れたので、文市さんは「何かして遊ぶ？」と無理に明るい声を出した。

すると年下の女の子が、「パパのカメラで撮ってー」と甘え口調で言い、文市さんの首にかけられたデジカメを指差してきた。

今までまったく気付かなかったが、ストラップにつけられた小振りのデジタルカメラが首から下がっている。

文市さんが、「いいよ」とカメラを向けると、女の子は、「ここで撮って！」と自分の衣装箪笥の前に立ってポーズをとった。

一人撮ると、残る二人も「僕も」「ボクも」となり、結局三人とも、それぞれの衣装箪笥の前でポーズを決めて写真を撮った。

子どもたちはすっかり機嫌が良くなり、各人の机から玩具を持ってくると、楽しそうに三人で遊びはじめた。

「遊ぼう」「これ見てー」などと、子どもたちに誘われるがまま、文市さんも一緒になって遊んでいると、気づけば小一時間ほど経っていた。

すると、夕飯の支度が終わったのだろう、「ご飯ができたからいらっしゃい！」と、女性の呼び声が一階から聞こえてきた。

子どもたちに、「ご飯ができたって。さあ、下に行こう」と声をかけても、子どもたちは知らんぷりをして、誰も遊びをやめようとしない。

「早く来なさーい！」という女性の呼び声は段々と苛立ったものへ変わり、ついには「できたって言ってるんだから、さっさと来なさいよっ！」と怒鳴り声になった。

文市さんは、「ほら、怒ってるよ。早く行こう！」と子どもたちの手を無理に引いたが、「行きたくないっ！」「いやだっ！」「ヤダー！」と子どもたちもムキになって叫び、ついには三人とも部屋から飛び出て行ってしまった。

女性と子どもの仲の悪さに少々呆れつつ、後を追って部屋を出たのだが、すでに子どもの姿はどこにもない。

仕方なく、女性が待つキッチンへ一人で行くと、テーブルの上には、人数分の大きな皿が並べられていた。

皿の上には、粗雑に切られたニンジンとキュウリ、適当にちぎったキャベツがグチャグチャに盛られている。他には主菜もなく、まるで残飯のような、料理とも呼べない代物が並んでいる。文市さんは思わず「これが晩御飯ですか……？」と口に出してしまった。するとと女性は険《けわ》しい表情になり、「何か文句あるんですか？」と甲高い声で叫んだ。これでも必死に頑張って、子どもの面倒をみてるんです！

親が捨てた子どもたちを世話してるんですよ、それだけで偉くないですか？

それなのに、子どもたちはちっとも私に懐かなくて……。

とにかく、お金がないんです！ あればもっとちゃんとしたご飯を食べさせます！

そう一気に早口でまくしたてると、最後に女性は、

「やっぱり、何人子どもを世話したって、亡くした子どもの代わりにはならないんです。あなたなら、わかるでしょう？」

と、文市さんの目を見つめながら言ってきた。

えっ……？ と文市さんが戸惑って返事を出来ずにいると、「あはは、まだ忘れたままなの……？」と女性は馬鹿にしたように笑った。

「雨の日だから、スピードは出さないで！ って、あんなに奥さんに言われたのにね」

あははは、あははは、と笑いながら、女性はキッチンに置かれためん棒を手に握り、鼻歌を口ずさみながら、文市さんの横を抜けてキッチンを出て行く。

そして、手に持っためん棒をぐるぐると振り回しながら、

「ご飯ができたと言ってるのに、まったく、本当に手間のかかるガキどもだねぇ！」

と叫び、階段を駆け上がって二階へと姿を消した。


文市さんは、女性の言葉で突然記憶が蘇《よみがえ》り、その場に立ち尽くしていた。

どうして、忘れていたんだろう。

――妻と娘は、もう何年も前に死んでしまった。

――雨の日に、私が運転した車の事故のせいで。


二階からは、「こらぁ！　ガキどもっ！」という女性の激しい怒号や足音、物が倒れたり壊れたりする音、そして、子どもたちの悲鳴が聞こえてきた。

それでも文市さんは、ショックで頭がぼんやりとしたまま動けなかった。

やがて、二階の物音がすべて消えた頃、ようやく我に返り、先ほどの悲鳴を思い出して、急いで子ども部屋へ駆けつけた。

惨状を覚悟して扉を開けたが、そこには誰の姿もなかった。

ただ、汚れたベッドや、壊れた机が散乱し、湿った黴《かび》臭い空気が充満している。

電気も消え、窓から差し込む夕暮れの西日だけが、部屋を薄く照らしていた。

驚いて部屋を飛び出ると、廊下が真っ暗になっていた。つい先ほどまで、廊下には電気がついていたはずなのに、見れば、一階へ続く階段まで電気が消えてしまっている。

暗い階段を慎重に下りて、再びキッチンへ戻ると、床がびしゃびしゃに濡れていた。

天井には穴が開いており、二階からは雨水が垂れて、キッチンを水浸しにしている。

部屋一面に物が散らばり、朽ちて、汚れて、いつの間にか廃墟のようになっていた。

テーブルを挟んで、向かい側には人影が見える。部屋は薄暗く、ほぼシルエットしか見えないが、三人の子どもたちなのは間違いない。

その三人の影が、揃《そろ》って、キッチンの鏡を指差している。

鏡を見ると、そこには文市さんの姿が映っていた。

そして、貼り付くように彼の背後に立つ、あの女性の姿も。

鏡に映る女性は、物凄い憎しみの目で自分のことを睨《にら》んでいる。

恐怖のあまり振り向くことができずひたすら震えていると、すぐ後ろで、女性が低く囁《ささや》いた。

早く返せ、これは全部、私の子どもだ——。


気付くと、文市さんは家の外に立っていた。

玄関の扉に、手をかけた状態で固まっている。

中から逃げてきたのか、それとも扉を開けて入ろうとしているのか。

何ひとつわからないものの、とにかく激しい恐怖が込み上げて、文市さんはその場を走って立ち去った。

あんなに激しかった雨は、いつの間にか止んでいた。

家から遠ざかるにつれ、ぼんやりしていた頭が、どんどんはっきりしてくる。

ポケットの携帯電話を見ると、職場からは何十件も着信やメールがあった。

どうやら今日は月曜日で、自分は終日無断欠勤をしていたようだ。

思い出した、あの家には、昨日、すでに一度立ち寄っている。

なのに、今日、またあの家に来てしまった——。

文市さんは、首にかけたカメラに気づくと、先ほど撮った写真を見返してみた。

子どもたちを撮ったはずの三枚の写真には、誰の姿も写っておらず、ただ汚れた衣装箪笥だけが写っている。

それを見て、文市さんはハッと気づかされた。

自分が昨日、あの部屋から持ち帰ってしまった物に。

先ほど撮った画像には、衣装箪笥の上に、中身のない額縁だけの写真立てが置いてある。そして、自分の上着のポケットを探ると、そこからは三枚の写真が出てきた。

今日出会った三人の子どもの写真である。何年も前に撮られたものだろう、色褪《あ》せてはいるが、笑顔で写っているのは間違いなくあの子たちだ。

昨日あの部屋を訪れたとき、衣装箪笥に子どもたちの写真が飾られているのを見て、いつもの悪い癖で、思わず写真を持ち帰ってしまった。

そうか、あの女性が言っていた「返せ」は、この写真のことだったのか。

今日、会社を欠勤してまで、あの家をもう一度訪れたのは、もしかすると、あの女性に呼び戻されたからなのかも知れない——。

文市さんは、そう思ったという。

数年前、文市さんは妻と子どもを、自身の運転する車の事故で亡くしてしまった。

それ以来、文市さんは、廃墟巡りが趣味になった。

といっても、彼が行くのは、古く崩れた廃墟ではない。つい昨日まで人が暮らしていたような、まだそこに生活感が残る場所へ行き、失われた暮らしに思いを馳《は》せる。

するとその一瞬だけは、家族を失った痛みと悲しみが、ふっと和らぐのだ。

本来、立ち入ってはいけない空き家へ忍び込み、そこに残された生活の名残り、失われた暮らしを探っては感傷に浸る。後で思い出すために撮影もするが、それだけでは満足せず、時には部屋に残された写真やノートなどを持ち帰ったりもしていた。

その日も車を走らせ、どこかに空き家や廃墟はないかと沿道に目を光らせたが、あまり良い場所が見つからない。今日は収穫なしかと半ば諦めていたが、立ち寄った定食屋で、すぐ近場に空き家があることを知った。

話を聞くと、そこは一人の女性が運営していた「子ども預かり所」で、面倒をみられない親から子どもを預かり、改装した自宅で、数人の世話をしていたという。

女性は行政の認可を得ているようには見えず、また預けたきり、そのまま姿をくらました親もいたようで、当時、地元では「あそこは大丈夫なのか」と不安がられていた。

ただ、ほんの二、三年運営すると、ある日、まるで夜逃げしたかのように、女性の姿も、子どもの姿も見かけなくなった。周囲も心配はしたようだが、子どもたちの素性はまったく知らないし、本当に何かあれば預けた親がどうにかするだろう、と考えた。

それに、空き家になった後、不動産屋も異常がないか確認に訪れているし、別に何かの事件があったとも聞かない。だから、女性がハウスの運営をやめて、きっと子どもたちは親元に帰されたのだろう、と地元では噂《うわさ》されているという。

話を聞いて、ぜひ行ってみたいと思った文市さんは、定食屋で詳しい場所を教えてもらうと、その空き家を訪れた。そして、子ども部屋で写真を見つけると、いつもの悪癖でつい持ち帰ってしまったわけである。

ただ、再訪した際、現実とも幻とも判断のつかない体験をした文市さんは、あの女性も、子どもたちも、絶対にもう生きてはいない、と確信しているそうだ。

そして、自分が持ち帰った写真には、亡くなった子どもたちの魂、念のようなものが籠《こも》っており、だからこそ子どもたちは自分のことを「新しいお父さん」と呼び、女性は「早く返せ、これは全部私の子どもだ」と言ったのだろう、と考えている。

後日、男の子二人の写真は、正式な場所で供養をした。

ただ、娘を亡くした文市さんには、どうしても女の子の写真は処分できなかった。

結局、今でも、大切に手元に持っている。

雨が強く降りしきる日、雨で遠くが見通せないような日の夕暮れ時には、外を歩いていると、道の向こう、はるか遠くに、小さな女の子のシルエットが見えるという。

そして、女の子の横には、ショートカットの女性のシルエットも佇《たたず》んでいる。

見かける度に少しずつ近づいて来ている気がするのだが、まったく怖くはない。

むしろ、早く近くへ来ないものかと、雨の日は外を見るのが楽しみだという。

文市さんは、〝新しい家族〟が、早く欲しくて仕方ないのだ。

乗車拒否

かつて私は、全国各地へ出張する仕事に就いていた。

公共交通機関の乏しい地方では、よくタクシーを利用したので、話しやすい運転手だと「何か怖い話ありませんか」と訊いてみるのだが、思いのほか怪談に巡り合わない。初対面の不躾《ぶしつけ》な相手に言いたくないというのもあるだろうが、「幽霊より生身の客のほうが、はるかに恐ろしい」とはよく言われる。確かに、その通りなのだろう。

岡山県のとある研究施設へ行った時のこと。

市街地からは離れた場所にあり、職員は皆、自動車通勤なので、夕方以降のバスの本数が非常に少ない。仕方なくタクシーを呼び、次の目的地まで移動することにした。

運転手へ所要時間を尋ねると、四十分以上はかかると言う。そこで私は、せっかくの長時間移動を無駄にせず、何か怖い話でもないか運転手へ聞いてみようと思った。

ところが、いざ会話をはじめてみると、この運転手、大声でがなるように話し、気さくというよりは乱暴、妙に人間性の崩れた風情がある。しかもこちらの話をほとんど聞かず、一方的に自分の話を続けるので、話しかけたことを早速後悔させられた。

昔はやり手の不動産屋だった、若い頃はずいぶん悪いこともした、他人を食い物にして億の金を稼いだ、風俗あがりのいい女と結婚していた、愛人だって何人もいた、そんな話を次々と語る。

時計を見れば、まだ十分も経っていない。しばらくは虚実入り混じっていそうな武勇伝を聞かされる覚悟をして、へえ、はあ、などと気の抜けた生返事を繰り返していた。

車内には、乗り込んだ当初から、大変に透明感のある女性の歌声がＢＧＭとしてかけられていた。

まさか、この運転手の趣味でもあるまい。たまたまラジオか有線で流れている曲なのだろうが、女性のアカペラの美しいハミングで、賛美歌とバラードが調和したような不思議なメロディを奏でており、聴くうちに引き込まれるような魅力がある。

喋《しゃべ》り続ける運転手の話に飽きた私は、歌声に意識を向けつつ、車窓に流れる緑の田園風景を眺めていたのだが、やがて女性一人のハミングへ、男性の低く静かな声が加わった。続いて女性がまた一人、男性が一人と加わっていき、当初の静かなハミングは、次第に大人数の合唱へと変わってゆく。

運転手が俺様節の半生を語る横で、男女のハミングの合唱はいっそう美しく盛り上がっていき、あまりの美声に、心奪われる思いである。

歌声に夢中になっていると、話をろくに聞いていない態度が伝わってしまったのだろう、こちらの気をひこうとしてか、運転手はますます露悪的な話をするようになった。

自分のせいで財産を失くした奴、路頭に迷った奴、人生が台無しになった奴、そんな人間がたくさんいる。でも、騙《だま》されたり利用される馬鹿が悪いんですよ。そう思わない、お兄さん。そんなうんざりするような話を、運転手は嬉々として語りかけてくる。

さすがに耐え難《がた》くなった私は、無理に話題を変えようと思い、

「そんなに悪いことばかりしてきたら、恨まれて怖い目にも遭ったでしょ。幽霊とか、何か怖い体験ありません？」と訊いてみたのだが、

「へっ、あるわけないだろ。兄さん、馬鹿じゃねえの」と運転手に鼻で笑われた。

「俺なんて人からすげえ恨まれてきたから、もし幽霊なんてこの世に本当に居たら、絶対にとり憑かれてるから。でもね、感じたことねえもん、祟りとか。

それにたとえ居たとしても、ああゆうのは弱っちい奴に憑くんだって。俺みたいに気合い入って生きてるとな、幽霊も祟りも吹っ飛ぶもんよ」

そんな勢いで、変な威張《いば》られ方までする始末。怖い話など聞いた自分が愚《おろ》かだったと反省し、また口をつぐむと、黙って運転手の話を聞くことにした。

そして、幽霊について持論を語り続ける運転手が、

「幽霊なんか、俺はきっぱり、乗車拒否よ！」

と、ひときわ大声で啖呵《たんか》を切った瞬間。

美しいハミングの合唱が、ぎゃはははは、ぐはははは、と一斉に笑い声に変わった。

まるで、運転手の台詞に、たくさんの観客が大笑いするかのように。

驚いた私が、「ええっ！　なにこの曲⁉」と運転手へ問うと、彼は「はあ？　ああ兄さん、なんか曲聴きたいの？」と言って、ラジオのスイッチをカチリとひねった。


カーステレオからは、聴き慣れたアイドルの歌が流れてきた。

運転手は、相変わらず自分の話を喋っている。

そして再び、美しい女性のハミングが、充満する気配となって聴こえはじめた。

私は、怖さではない、不思議な哀しさを感じながら、流れる景色を無言で眺めた。

凝視

彰良《あきら》さんには、高校一年生の頃から付き合っている、小百合《さゆり》さんという恋人がいた。

「私、甘えん坊でやきもち焼きなんだ～」と本人が言うくらい、いつも一緒に居たい、いつも構ってほしいと始終甘えられ、彼が他の女の子と仲良く話す姿を見かけるだけで、すぐに嫉妬《しっと》して拗《す》ねる、という恋人であった。

彰良さんも、小百合さんも、同じ高校の同級生で、一年生の秋から卒業まで、約二年半の間、仲睦《むつ》まじく付き合いを続けた。

そんな二人にも、別離の時が訪れた。卒業を前にして、進路が分かれたのだ。

小百合さんは、地元の専門学校へ進学。そこで経理の勉強をした後、父親が経営する計量機器の会社へ就職することが決まっていた。

一人娘なので、親の会社へ勤めた後、跡取りになる婿《むこ》をもらってくれなければ、せっかく立ち上げた会社が一代で終わってしまう。彼女の両親は、娘が地元を離れることを許さなかったし、彼女もまた、生まれた土地で暮らしながら、家族経営を支えていくことが、当たり前の人生設計になっていた。

一方、成績優秀だった彰良さんは、都市部の大学へ進学が決まっていた。

実は彼の両親も地元で電気店を営んでいるのだが、「こんな商売には未来がない」と、父親は息子が跡を継ぐことを良しとしなかった。

それでも母親には、「地元の大学を出て、お父さんの商売を助けてやってよ」と何度か頼まれはしたが、彰良さんが国立大学への推薦入学を早々に決めると、それ以上は何も言ってこなくなった。

ただ、恋人の小百合さんは、彼が地元から出て行くのを激しく嫌がった。

電気店を継がなくていいなら、結婚して私のお父さんの会社を継ごうよ。

離れ離れなんて嫌だよ、ずっと一緒にいようよ。

どうせ都会の大学に行ったら、向こうで就職して、二度とこっちに戻らないでしょ。

遠距離になったら、彰良は絶対に新しい彼女つくると思う。私は一途《いちず》なのに。

ねえ、ここでずっと一緒にいようよ。私、このまま彰良に捨てられちゃうの……?

そう言って、彼のことを必死に引き留めようとし続けていた。

ただ、彰良さんは、せっかくの進学のチャンスを棒に振るつもりはなかった。

当然、大学を卒業したら、地元には帰らず都会で就職するつもりだ。

小百合さんが言う通り、遠距離恋愛も現実的ではないだろう。彼女のことは好きだけど、大学でのキャンパスライフがはじまれば、きっと新しい恋をするのではないか、そんな予感と期待が胸にあった。

卒業が近づくにつれ、二人の関係は次第にぎくしゃくしていき、せっかくデートをしても、別れ際にはいつも小百合さんが泣き出し、彰良さんはそれを内心うんざりしながら宥《なだ》める、ということの繰り返しになっていた。

時を同じくして、彰良さんは毎晩、奇妙な出来事に悩まされるようになった。

眠っていると、夜中に突然目が覚めて、そのたびに金縛りになる。

身体が動かなくなると、やがて部屋の隅にシルエットのぼやけた白い人影が現れる。

人影は、全身が白い靄《もや》のようにもかかわらず、眼球だけはくっきりと見えていて、その二つの目が、彼のことをジーッと凝視してくる。

そんな時間が三十分も続くと、やっと人影が消える。ようやく身体が動くようになる頃には、全身が汗びっしょりで、重く怠《だる》い。

そしてなぜか、金縛りの後は気絶するように寝てしまい、そのまま朝まで目が覚めない。だから実際のところは、金縛り自体が夢かもしれず、彰良さんはどうすればいいのかもよくわからなかった。

人影は、日を追うごとに、少しずつ、少しずつ、部屋の隅から彰良さんのベッドへと近づいて来る。

本当に僅《わず》かな距離なので、最初のうちは気づかなかったが、夢を見はじめてからひと月以上経つ頃には、人影はもう、彼のベッドの真横へ立つようになっていた。

近くで見ると、眼球だけが血走って生々しく浮かび上がり、瞬《まばた》きもせずに彰良さんを見つめてくるので、震えがくるほど恐ろしい。彰良さんは動くことも、目を逸《そ》らすことも出来ず、その凝視し続ける眼とひたすら見つめ合うしかなかった。

そして、ベッドの横に立つ人影は、徐々に腰を曲げると、彼に顔を近づけてきた。

一週間も経つ頃には、すぐ目前に人影の眼球があり、たとえこれが夢だとしても、このままでは自分はどうにかなってしまうと、強い不安を感じるようになった。

彰良さんには、ひとつの確信があった。あの人影は、きっと小百合さんだろうと。

というのも、凝視はされても、睨《にら》まれている気にはならないのだ。

人影の目に、恨みや憎しみは感じない。そうではなく、ずっと見つめて、決して手放さないという、独占欲や自分への執着のようなものが、あの眼からは感じられる。

小百合さんの、自分に対する執着は本物だ。最近では、会うたびに泣きながら、別れるくらいなら、一緒に居られないのなら、このまま二人で心中しちゃいたい、などと穏やかならざることを口にするようにもなっている。

凝視する眼が小百合さんだと確信してからは、一所懸命に彼女の機嫌をとり、離れても好きだよ、月に一度は会いに帰るから、などと言ってはみるものの、まったく効果はないようで、夜になれば人影が現れて彼を凝視し続ける。

このままでは、卒業して地元を離れる前に、小百合にとり殺されるのではないか。

そんな不安が大きくなり、彰良さんは隣町にある、少し大きな寺へ相談に行った。

だが、住職には「好きな気持ちだけで人を殺せたら苦労しませんよ」などと適当にあしらわれ、そのくせ厄除けや身代わりの御守りは売りつけられてしまった。

彰良さんはその夜、何もないよりはマシだと思って購入した御守りをパジャマの胸ポケットへ入れて床についた。

目覚めると、いつものように身体が動かず、目前には、自分を凝視する目玉がある。

どうかお守りください、お願いします、そう必死の思いで胸元の御守りに念を込めると、重かった身体が少し軽くなり、彰良さんは、右手が動かせそうなことに気付いた。

頼む……動いてくれよ……そう念じながら彰良さんが夢中で右手を突き出すと、勢い余って、人影の目玉に思いきり拳を叩き込んでしまった。

右手の甲には柔らかいモノを殴った感触があり、人影は、ウウッッ……と唸《うな》りながら眼を押さえると、そのまま霧が散るように消えていった。


翌朝、おはよう、と挨拶してきた母親の右目には、大きな眼帯が当てられていた。

昨夜、水を飲もうとベッドから起き上がった際、うっかり転んで強打してしまい、病院の救急へ行って手当てしてもらったという。

その姿を見て、地元から出て行って欲しくないのは、小百合さんだけではなかったことに気付かされ、彰良さんはなんともいえない気分になった。

その晩から人影が現れることはなく、彰良さんは無事に大学へ進学した。

別れ際に「私たちは永遠の恋人だからね！」と大泣きした小百合さんは、数か月後には専門学校で出逢った新しい恋人へ乗り換えた。

そして彰良さんは、思い描いた夢のキャンパスライフを送ることはなく、残念ながら一度も恋人が出来ずに四年間を終えた。

就職にもすっかり失敗したので、地元へ帰って親の電気店を継ごうかと考える時もあるのだが、帰省して母親と暮らすことを思うと、未だに二の足を踏んでしまうそうだ。

マレビトの塚

かつて森林調査の仕事をしていた、三峰《みつみね》さんから聞いた話。

森林調査とは、文字通り森林の状態を把握するために行い、森林の植生立木調査、計測業務などを行う。立木の密集度や、直径、樹高などを測ったり、樹種や材積、品質などを調べて、立木の売買や土地利用、森林整備に役立てる。

林野庁が実施する大規模な調査から、地方自治体や林業の組合が実施するもの、民間企業が土地利用のために実施するものまで幅広く存在する。

そもそも日本の里山は、木々を材木として利用する林業と密接に関わっており、多くの森林は人の手によって整備されてきた。

だが林業が廃《すた》れていくにつれ、適切な伐採や植林、土地の整備などが実施されず、各地の山は荒れていった。山が荒れれば、大雨などの水害で土砂崩れが起きやすくなってしまう。森林調査には、そうした土砂災害を防ぐための意味合いもあるのだ。

三峰さんはそうした森林調査を、地方自治体から請け負う民間企業で働いていた。

ある時、普段は調査を行わないH山へ、十年ぶりに入ることになった。麓《ふもと》の集落から、山崩れの恐れがあると行政へ通報があり、その基礎調査を委託されたのである。

実は、H山のすぐ隣にある山は、土砂災害の恐れがあるということで、毎年定期調査が行われていた。位置的にも、森林の植生や土地の状況的にも、ほとんど違いがないように思えるのだが、なぜかH山は「災害の恐れなし」ということで、過去十年、一切調査されることがなかった。

当日、現地集合にて集められた調査員は、三峰さんを含めて三人。

まず、昔怪我をして以来、足を少し引きずって歩く、五十代のベテランの先輩。

そして、まだ勤務経験が一年足らずと浅い、後輩の後藤《ごとう》さん。

初日は全体的な確認ということで、麓から中腹部まで登りつつ、この三人で簡単な調査をすることになった。

無口なベテランの先輩は黙々と作業をこなしていくが、普段からお喋《しゃべ》りな後輩は、手を動かしながらも、三峰さんへ延々と話しかけてくる。

話を聞くと、どうやら後輩は、この山の麓にある集落の出身らしい。

とはいえ、生まれてすぐに両親はこの土地を捨てて街へ出たので、実際は都会育ちである。ただ、祖父は亡くなるまで麓の集落で暮らしていたそうで、両親と帰省した折、この山へ祖父に連れられて登ったことがあるという。

そこで三峰さんは、なぜ隣の山と植生などが酷似《こくじ》しているのに、H山は土砂災害が起きないのだろうと、調査前から思っていた疑問を後輩へぶつけてみた。

すると後輩は、「この山が滅多に土砂崩れしないのは、マレビトの塚が守っているからですよ」と当たり前のことのように答えた。

彼が言うには、H山には、「マレビトの塚」と呼ばれる、九つの小さな塚が建てられており、麓近くから山の上まで、山道沿いに一定間隔で置かれているそうだ。

なんでも、江戸の頃にはすでに塚が置かれていたようで、その歴史はかなり古い。

郷土史家の調べによれば、この塚は名前の通り、異界から訪れるモノを「マレビト」として受け入れ、客人を神格化して祀《まつ》る山岳信仰に由来しているが、どうやらこの土地では、度重なる山崩れを防ぐために、「九人のマレビトの力を借りて、彼らを山の土の下に納め、その上にマレビトを祀る九つの塚を建てた」という伝承が残っているという。

日本の農村では古くから、定期的にあの世から祖先の霊が訪れて、祝福や豊穣《ほうじょう》を与えるという祖霊信仰がある。

やがて、この異界から訪れる神はマレビトと呼ばれるようになり、マレビト神は祭場で歓待を受けるようになったが、次第に集落の外から訪れる旅人や乞食、流しの芸能者までがマレビトとして扱われるようになり、彼らに宿や食事を提供して歓待する風習は、古く日本の各地にみられる。

つまりマレビトとは、外部から来た者のことを指す。

そう考えると、この山の伝承の意味するところは、集落の外から来た旅人など、土地の人間ではない者を九人使って、山崩れを治めるために、人柱の儀式を行った、ということなのかもしれない。

後輩の話を聞く限りでは、どうやらマレビトの塚は、犠牲者を祀って建てられた鎮魂《ちんこん》碑《ひ》であるとともに、今でもこの山を災害から守る鎮守《ちんじゅ》の存在でもあるようだ。

言い伝えとはいえ、あまり気持ちのいい話ではない。

「つまらない話をしないで、黙って仕事をしろ」と言ったのだが、後輩は祖父から聞いた本当の話だと何度も繰り返し、「この山の調査をするなら、まずはマレビトの塚に手を合わせたほうがいい」と勧めてくる。

迷信に遣う時間はないと後輩を叱っていると、それまで黙っていた先輩が突然、「この山は、五年おきに生贄《いけにえ》をとる。先に塚を見つけよう」と言い出した。

呆れて言い返そうとする三峰さんを手で制し、先輩はこんな話を語りはじめた。


昔話の言い伝えなんて、まともに聞きたくないのはよくわかる。

でもな、ここは昔から、行方不明者が多くて有名な場所なんだ。

今でこそ集落も寂れて、山に入る人間も居なくなったから事件にもならないけれど、昭和の頃は、ここらでは〝神隠しの山〟って呼ばれていたくらいだ。

山は危険だ。獣に襲われたとか、崖《がけ》から足を踏み外して亡くなるのはわかる。

だけどこの山は、入った人間が、時々、ふっと煙みたいに姿を消してしまう。

山に慣れた人間なら、別に遭難《そうなん》しやすい山ではないし、まして地元民が総出で探して、遺体ひとつ見つからないような場所じゃないんだ。

それなのに、神隠しに遭った人間は、ただの一人も見つかった試しがない。

俺もな、マレビトの塚の伝承は知っているよ。

というか、気になることがあって、昔いろいろ調べたんだ。

実は十年前、俺の知り合い二人が、この山で行方不明になっている。

当時は別の会社に勤めていたけれど、その会社がＨ山の調査を請け負ってな、同僚二人がこの山へ調査に入った。

どちらもベテランだよ。揃《そろ》って迷子になるような奴らじゃない。

なのに、調査二日目、彼らは山に入ったきり、どちらも帰って来なかった。

当然、遭難だけではなく事件も疑って、警察は彼らの行方を必死に探ったよ。

でも、どんなに探しても彼らが見つかることはなかった。

俺は疑問に思って、この山のことをずいぶん調べてみたんだ。そしたら、さっき後藤が話したのと同じような伝承に辿り着いた。

だけどな、伝承はあれだけじゃない。人柱の話には続きがある。

村の外から来た旅人を使って、人柱の儀式をしたら、確かに山崩れは治まった。

ところが今度は、山で事故に遭ったり、獣に襲われることが多くなった。

伝承の記録では、臆病《おくびょう》なイタチが、人間を襲って喉笛《のどぶえ》を喰い千切った、なんて話もある。山は荒れて、すっかり禍々《まがまが》しい場所になってしまった。

集落の人間は、これをマレビトの祟りと恐れて、それを鎮めるために、五年に一度、身代わりになる者を捧げると、マレビトの塚に約束した。

まあ、代わりの生贄を用意する、ってことだ。

五年に一度、次の生贄になる者を山に捧げると、先に祀られていたマレビトの魂が一人解放され、代わりに新しい魂が、マレビトの塚に封じられる。

次の五年でまた一人、その次にまた一人と順に入れ替わり、五十年も経てば、一周して、最初の九人は全員が山から解放される。

これを江戸の頃から、延々と繰り返してきたらしい。

だけど生贄なんて、近代で許されるわけがない。最後の記録は明治で途絶えて、あとは身代わりのマレビトを捧げる風習はなくなった。

その代わり、数年に一度、山で神隠しが起きるようになった。

集落の人間が誰も生贄を捧げなくなったから、山が自ら代わりのマレビトを選ぶようになった、きっと、そういうことじゃないかな。

でも、最近では山に入る者も居なくなり、神隠しすら起こらなくなった。

十年前に消えた二人を除くと、最後の神隠しは二十年前、山に入った子どもが行方不明になった事件だ。

そのあとは山に入る人も居なかったのか、行方不明者は出ていない。子どもの事件から十年経って、調査に入った同僚二人が姿を消した。五年で一人、十年なら二人。

消えた同僚二人は、次のマレビトに選ばれて姿を消した、俺はそう確信しているよ。あれからまた十年経っている。その間に消えた人間はいない。

ということは、山はあと二人、代わりのマレビトを欲しがっている。

そう考えたら、俺たちは今、結構危ない状況なんじゃないかな。


先輩はこう語ると、「だから、まずはマレビトの塚を見つけて、調査の許しを得たほうがいい気がするぞ」と締め括った。

三峰さんも、十年前に調査員が二人失踪《しっそう》した事件は知っている。

まして、大ベテランの先輩にまでこんな話をされては、言い返すこともできない。

先輩と後輩の意見を汲《く》んで、初日はマレビトの塚を見つけて、手を合わせることからはじめよう、ということになった。

塚は山道沿いに建てられているという。

三人でそれらしき物を探しながら登ると、しばらくして後輩が「これだ！　昔じいちゃんと見たやつにそっくりです！」と大声をあげた。

塚は想像よりもはるかに小さく、三十センチ四方に切り出された石の中をくり抜いており、穴には二十センチほどの高さの人型の石柱が置かれている。石柱には顔も模様もなく、絵柄のないこけしのような形をしていた。

風雨にさらされ、塚はかなりボロボロになっていた。

道沿いの草むらにひっそりと置かれており、伝承にあるような禍々しさはないが、一方で山を守る威厳《いげん》もあまり感じられない。

三峰さんたちはその塚に手を合わせると、また次の塚を探して登っていく。

そんなことを繰り返しながら正午を越えると、後輩が徐々に不安そうな顔になって、「十五時までに下山しましょう」と言い出した。

夜の山は危ない。日が落ちるまでに下山するのは当然だが、なぜわかりきったことを不安そうに言ってくるのか。

三峰さんが怪訝《けげん》な顔で後輩を見ると、彼は「昔じいちゃんと一緒にここへ来た時のことを、山を登っているうちに思い出して……」と話し出した。

小学四年生の時、両親に連れられて、じいちゃんの家へ帰省したんです。

その時、山に登りたいと何度も言ったら、じいちゃんがしぶしぶ連れて来てくれて。

今から思えば、本当は嫌だったんでしょう。

でも、放っておいたら孫が勝手に一人で行きそうで、それはまずい。

一緒に手をつなぎながら山道を登って、マレビトの塚を見せてくれました。

その時、じいちゃんに言われたんです。

この山では、三つの約束を守れ、と。

まず、この山は人を攫《さら》うから、夕方以降、暗くなったら入っちゃいけない。

二つ目は、誰かに名前を呼ばれても、絶対に返事をしちゃいけない。たとえ母ちゃんの声でも、一緒に居るじいちゃんの声でも、名前を呼ばれたらだんまりを決め込むこと。

最後は、山を下りるまで、じいちゃんの手を決して離さないこと。でも、うっかり離してしまったら、じいちゃんの手は、二度と握っちゃいけない。

山のモノは、夜に出てきて、攫う相手の名前を呼び、手を引いて連れていく――。

わかったな、絶対だぞ。

そんなふうに、じいちゃんに言われたのを思い出したんです。

後輩はそう話すと、「だから夕方になる前に帰りましょう！」とまた強く言ってくる。

三峰さんが、「当然だ。日が落ちる前には引き上げる」と答えると、後輩はほっとした顔になり、「よーし、塚を探すぞー」と再び意気込んで、辺りを熱心に見回しながら塚探しへ戻っていった。


そうして探すうちに、三人はようやく九つ目の塚まで辿り着いた。

塚の周囲は平らに開けた場所だったので、一旦休憩しようということになり、三峰さんは手近な石に腰を下ろして時計に目をやった。

時計の針は、十六時半を指している。

先ほど時計を見たときは、まだ十四時だったはずである。いつの間に、こんな時間になってしまったのか。

驚いて時刻を二人に告げると、先輩は「そんな馬鹿な……」と動揺した様子を見せ、後輩は「これはヤバいですよ、ダッシュで下山しましょう！」と焦り出した。

このままでは、下山途中で日が暮れる。休憩はやめてすぐに出発しようということになり、腰を上げようとしたところで、「痛い……痛いッ！」と呻《うめ》き声をあげて、後輩が地面にうずくまった。

どうやら、突然の腹痛に襲われたようで、後輩はお腹を押さえて苦しんでいる。

このままでは、下山どころか、動くことさえ出来そうにない。

痛みの原因が不明なので、無理をさせては危険だろうと判断し、先輩が無線で会社へ連絡すると、幸い近場で仕事を終えたメンバーが居るので、彼らがそのまま担架《たんか》を持って迎えに来てくれることになった。

後輩も少し痛みが落ちついたようである。このまま同僚たちが来てくれれば大丈夫だろうとひと安心したところで、今度は日没が近づき、周囲が急速に暗くなってきた。

日が落ちると、周囲はすっかり闇に覆われてしまった。

携行ランプを灯しているが、数メートルもすれば光は森の暗闇へ吸い込まれていく。

先輩は、ずっと黙り込んだまま座っている。後輩は痛みが引いてきたのか、穏やかな顔で丸まりながら目を閉じている。迎えが来るまでには、まだしばらくかかりそうだ。

三峰さんは、昼間に聞かされた、にわかには信じ難い伝承を思い起しながら、座りやすい岩場に腰を下ろしていた。

突然、闇の向こうで、周囲の草むらが、ザザッ、と揺れる気配がした。

獣だろうかと思い懐中電灯を向けたが、動物らしき姿は見えない。

だが、しばらくするとまた、ザザッ、ザザッ、と何かが近くで動いている。

再び懐中電灯を向けようとした、その時。

――おーい、にいちゃーん　おーい、にいちゃーん
そう、呼びかける声がした。

三峰さんは弟を亡くしているのだが、暗闇の向こうから聴こえてくるのは、まごうことなき死んだ弟の声である。

この山は、攫う相手の名前を呼ぶ。

さっきの後輩の言葉が頭をよぎり、恐怖が一気に込み上げた。

咄嗟《とっさ》に横へ目をやると、やはり何かが聴こえているのか、先輩は目を見開いて暗闇を凝視しており、後輩は耳に手を当て、地面に丸まったまま、ガタガタと身体を震わせている。

後輩はずっと、「返事しちゃ駄目です、返事しちゃ駄目です」と呟《つぶや》いている。

三峰さんが声をかけようとすると、先輩は「喋るな。動くな。灯りも消せ」と言い、そのまま地面に置いてあった携行ランプの灯りを消した。

それに合わせて三峰さんも懐中電灯を消すと、周囲は真の暗闇に包まれた。

目を瞑《つむ》り、膝を抱えて静かにしていると、再び、ザザッ、ザザッという音が聞こえ、やがて、自分の近くへ何かの気配が近づいて来るのがわかった。

その何かは、死んだ弟そっくりの声で、「おーい、にいちゃーん」と何度も呼びながら、自分のすぐ傍まで近寄って来る。

そして、顔のすぐ真横まで近づくと、「にいちゃん、返事くらいしてよ」と、ひんやりとした吐息を吹きかけてきた。

眼を閉じて震えたまま、いったいどれだけの時間を過ごしただろう。

先輩の持っている無線が、ジジ……ジジジッ……と鳴ると、すぐ近くにあった気配は闇へ溶けるようにすっと消えた。

先輩が「すぐ近くです。待っています」と無線に答えた時には、声も気配もすべて消えており、懐中電灯で周りもぐるりと照らしてみたが、やはり誰の姿も見当たらない。

やがて五分も経たない内に、山道の下から懐中電灯の灯りと、ガヤガヤという人の声が聞こえてきた。

救助に来た同僚は二人いて、彼らは「おい、後藤、大丈夫か？」「担架に乗るか？」と口々に後輩へ呼びかけながら、横たわっている後輩へ手を差し伸べた。

後輩は、同僚からの呼びかけに「はい、大丈夫です」と答えると、彼らに手を引かれ、肩を支えられつつ、三峰さんよりも一足先に山を下りて行った。

三峰さんは先輩と一緒に、後輩の荷物を含めて一旦整理をすると、彼らから少し遅れて下山を開始した。

先輩の後を付いて暗い山道を歩きながら、ふっと嫌な考えが頭をよぎる。

そういえば後輩は、救助に来た同僚から「後藤」と名前を呼ばれると、「はい」と返事をした後、彼らに手を引かれて下りて行った――。

にわかに不安になり、先輩へその考えを伝えると、「くだらないことを考えるな。さっきのは間違いなく俺たちの同僚だ」とうんざりした口調で窘《たしな》められた。

でも三峰さんは、他のことにも気付いてしまった。

前をゆく先輩の、後ろ姿へ問いかける。

そうでしょうか。山道のすぐ脇で待っていたとはいえ、正確にナビゲーションもしていないのに、どうして同僚たちは、僕たちの居場所がわかったんでしょう。

それに先輩も無線に出た時、どうして「すぐ近く」としか言わなかったんですか。

救助を呼んでいるんだから、普通は詳しい場所を伝えますよね。

僕ね、山の伝承は初耳だけど、事件のことは知ってるんですよ。

十年前、この山へ調査に来たのは三人です。その内、二人は行方不明になりました。

見つかったのはただ一人。その人は、岩で自分の右膝を叩き壊していたそうです。

理由を聞いたら、「歩かなければ、連れて行かれない」と答えたらしいですよ。

大怪我をしながらも助かった一人って、先輩のことですよね。先輩はどうしてまた、H山の調査に参加したんですか。

ここでは、五年に一人、身代わりのマレビトが必要なんですよね。

あれから十年経ちました。五年で一人、十年で二人。

後藤と僕を、山へ捧げるつもりなんですか？

込み上げる不安にまかせて、ここまで一気にまくしたてると、先輩はピタリと歩みを止め、「思い過ごしだよ」と低くひと言呟いた。

ただ、その声には明らかに笑いを堪《こら》えている様子があり、三峰さんは全身に鳥肌が立ってくるのがわかった。

ヤバい。このまま、先輩を追い越して、一気に麓まで駆け下りよう。

そう決意した矢先、ポケットの中で携帯電話が、ブルルルッ、と鳴動した。

どうやら、電波が届く範囲まで、山を下ってきたらしい。

急ぎ電話に出ると、「三峰、お前大丈夫か?」という、先輩の声が聞こえてきた。

「すまん。社長には行けと言われたけれど、俺には事情があって、どうしてもその山には行けなかった。そうしたら、お前と後藤が二人で山に入ったきり、まだ戻って来ないと大騒ぎになってるじゃないか。お前、今どこにいる? 大丈夫なのか?」

携帯電話を握る手が、小刻みに震えてきた。

電話口の声が本物の先輩なら、今目の前に居る男は、いったい誰なんだ。

しまった、このままでは、連れて行かれる。

そう思ったところで恐怖がはじけ、山道から脇の斜面へ飛び降りると、転げるように走りながら、暗い森の中へ振り返らずに駈け込んだ。

そして走りながら、「先輩、とにかく危険な状況です！　早く助けに来てください！」と携帯電話へ向かって叫んだ。電話口では、「おいっ大丈夫なのか！　おいっ三峰ッ！」と先輩の不安そうな声が響いている。

三峰さんが、「はい、大丈夫です！　助けに来てください！」と必死に返事をすると、あはははは、と急に先輩が笑い声をあげた。

そして、「やっと返事をしてくれたね」と言うと、そのままプッッと電話が切れた。

ハッとして三峰さんが手元を見ると、携帯電話だと思っていたものは、ずっと握り締めていた懐中電灯である。それを耳に当てて話していたのだ。

騙《だま》された、こっちが偽物だったのか。

思わず道を逸《そ》れて森へ飛び込んでしまったが、このままでは身が危ない。

とにかく急いで、元の山道へ戻らなくては。

三峰さんは今来た方角へ必死に駆け戻って行くと、遠くで「おーい、どこに居る？」と自分を探す先輩の声と、懐中電灯の灯りが見えた。

恐怖と焦りで足をもつれさせながらそちらへ向かうと、傾斜を登った先に山道があり、そこに先輩が立って自分を探している。

「ここです！　こっちにいます！」と三峰さんが呼びかけると、彼に気付いた先輩が、「こっちだ三峰、気を付けて登れ」と言って手を差し伸べてきた。

三峰さんが、「はいっ！」と返事をしてその手を取った瞬間、先輩は気味が悪いくらいニッコリと満面の笑顔を浮かべた。

あっ、しまった……！　と思ったのが最後の記憶で、その後のことを三峰さんはまったく覚えていない。


三峰さんは、病院のベッドで目を覚ました。

山へ調査に行ったまま戻らなかった三峰さんは、翌日捜索隊に発見された時、右足首を骨折した状態だったという。まったく記憶にないが、警察の見立てでは、傍に落ちていた石を使って、自分で足首を叩き折ったようである。

一緒に調査へ入った後輩はどこにも姿が見つからず、その後の懸命の捜索にもかかわらず、いつまでも発見されることはなかった。

そして十年前と同じように、後輩は〝行方不明〟として処理されることになった。

後日、お見舞いに来た先輩は、「H山へ調査に行くのが嫌で、当日勝手に休んでしまった。そのせいでお前たち二人だけで山へ入ることになり、本当に申し訳ないことをした」と、何度も何度も頭を下げた。

先輩へ改めて確認してみると、やはり十年前に唯一発見されたのは彼であった。

H山の伝承は知っていること、なぜか今回もまた調査に選ばれてしまったこと、運命の不気味な巡り合わせを感じて、調査当日に勝手に休んでしまったこと、今となっては、自分が行けば良かったと後悔している……など、いろいろと聞かされた。

「十年前に生き残った俺が、きちんと務めを果たせばよかった。逃げ出したばかりに、お前たちには申し訳ないことをした。最後の責任は、俺がとる」

そう言い残して、病室を出て行ったという。

それきり先輩は自宅に戻らず、行方をくらましてしまった。

警察は、後輩の失踪に何らかの関係があるのではと考え、先輩の行方を追ったようだが、今に至るまで見つかっていない。

三峰さんには、確信があるそうだ。

先輩はあの山へ行き、もう一人必要な、身代わりのマレビトになったのだと。

事件の後、三峰さんは森林調査会社を辞め、山のない都会へ出て働いている。

あれからもう五年以上が経った。

せんぱぁーい　せんぱぁーい

空耳だと信じたいが、あの後輩の声が、時々遠くから聞こえてくる。

もしこのまま、声が聞こえ続けたら、自分はどこまで抵抗出来るだろう。

十年目を迎える頃には、誰か知り合いに声をかけて、またあの山へ行ってしまうのではないか――。

三峰さんは、こんな気持ちになる自分がとにかく怖いのだ、と話してくれた。

朝に来るもの

繁華街のバーで働く宗次郎《そうじろう》さんは、仕事柄、深夜に仕事が終わる。まだ始発もない時間なので、かつては片道三十分以上かけて自転車で帰っていた。

毎日そうやって家と職場を行き来していたが、仕事後は酷く疲れているので、自転車通勤は非常に辛い。職場へ近いマンションに空きを見つけたので移り住むことにした。

徒歩で通える距離になったので通勤は楽だが、繁華街近辺なのでどうしても家賃が高く、このままでは貯金もままならない。知人の紹介でルームメイトを見つけることが出来たので、2DKのマンションをその男性とシェアして暮らすことにした。

昼夜逆転の宗次郎さんと異なり、ルームメイトは昼間の仕事だったので、生活リズムは真逆であるが、そのぶんお互い顔を合わせることも少ない。いざ暮らしてみると干渉のない、快適な生活を送ることが出来た。

ところが、そう思っていたのは宗次郎さんだけだったようで、ルームメイトは三か月も経たないうちに、理由も言わず出て行ってしまった。

物静かで穏やかな性格で、家事の取り決めも守ってくれる理想的な同居人だったので、宗次郎さんは「そんなこといわずに」「悪いところがあれば直すから」と一所懸命に引き留めたそうだが、彼は「もうこの家には住みたくない」の一点張り。宗次郎さんは元の独り暮らしへ逆戻りしてしまった。

幸いバーの稼ぎが安定していたので、家賃が高いなりにもなんとか生活は出来るのだが、独りで生活するようになってから、〝ある物音〟が気になるようになった。

毎朝、コンコンコン、と玄関の扉をノックする音が聞こえるのだ。

深夜に帰宅してウイスキーを飲み、シャワーを浴びると、ベッドで転がりながら音楽を聴いたり、スマホを眺めてのんびり過ごす。そして夜が明けてから眠り、昼過ぎに起きる……というのが、宗次郎さんの習慣である。

ところが、いざ眠りにつこうという時刻、朝の六時前後になると、決まって玄関の扉が、コンコンコン…と叩かれる。

これまでも音がしていたのかはわからない。その時間は、ちょうどルームメイトが出勤の準備をはじめる頃だったので、以前は物音がまったく気にならなかった。

そもそも、玄関の外にはインターホンが付いているので、用件がある人は当然それを押す。だから誰かが部屋を訪ねてきたとは考えにくい。

最初のうちは、独りきりだと小さな物音にも敏感になるもんだなあ、どうせ風か何かの影響で、扉や外壁に物が当たったり、家鳴りでも起こしているのだろう、と気楽に構えていた。

ところが、ノック音が気になりだしてから、一週間、十日と経っても、やはり毎朝六時頃に、コンコンコン、と扉を叩く音がする。

ここまで続くと、気のせいや聞き違いではないだろう。さては誰かの悪戯《いたずら》かと思い、ある朝、ノック音が聞こえると素早く玄関の扉を開けてみたのだが、朝のシーンと冷えた空気が吹き込むだけで、外には誰の姿もなかった。

廊下の左右を見渡しても、隣室に誰かが入る気配もなく、廊下の先にあるエレベーターのパネル表示を見に行くと、二つ下の階で停止したままである。

てっきりマンションの住人に嫌がらせでもされているのだろうと思っていたが、どうやら、そういうことでもないようだ。

宗次郎さんはこの時初めて、何が起きている……？　と怖さを感じるようになった。

一旦気になると、毎朝のノック音が憂鬱《ゆううつ》で堪《たま》らなくなった。

とはいえ、音がする以上の異変は何も起こらず、しかも朝の一回きりである。朝まで起きるのをやめればいい、帰宅したらすぐに寝ようと布団を被って目を閉じるのだが、結局、朝まで寝付けないまま、今か今かと、耳を澄ませる自分がいる。

気になるので、何度も扉を開けてみたのだが、やはり人の姿はどこにもない。

玄関の扉には覗《のぞ》き穴があるので、そこからじっと外を見張ったこともあるのだが、宗次郎さんが扉の前に陣取っていると、なぜか六時をはるかに過ぎてもノックがなく、諦めてベッドへ戻ろうとしたタイミングで、コンコンコン、と扉が鳴らされた。

友人やバーの客相手に冗談めかして相談してみたが、気のせいだと笑われたり、疲れ過ぎてるのかと心配されたり、「おっ、幽霊か!?」と嬉しそうに茶化されるばかりで、誰かを頼りにする気にもなれない。

ただ、そんな生活が続くうちに、帰宅しても緊張するばかりでリラックスできず、睡眠も浅くなり、肉体的にも精神的にも、少しずつ悪影響が出はじめた。

これではいけないと思った宗次郎さんは、どうにか原因を突き止めようと思い、ある朝、部屋の中ではなく、玄関の外、マンションの廊下側で見張ることにした。

玄関の前に立ち、廊下の左右を見渡しながら、音の正体と思われるものが現れないかひたすら見守り続けてみたが、結局七時を回っても扉は鳴らず、何も起こらない。

やはり外で見張っても駄目だったか、次はすこし離れた場所、廊下の先あたりから見張ろうかなどと考えつつ、部屋へ戻ろうとドアノブへ手をかけたその瞬間。

——ゴンッ！　ゴンッ！　ゴンッ！

彼の目の前で、いつもより激しく扉が叩かれた。

震えあがった宗次郎さんは、そのままマンションを飛び出し、昼になるまで、ひたすらファミレスで震えながら過ごしたという。

「すぐに部屋へ入る気にはなれませんでした。だって、ドアノブへ手をかけていた僕には、伝ってくる振動でわかったんです。今扉を叩いていたのは、明らかに扉の内側、部屋の中からだっていうことに」


もしやこれが、ルームメイトの出て行った原因ではないかと思い至り、後日電話をして話を聞いてみたのだが、彼は「さあ……。玄関の音は聞いたことがないです」と、冷たい反応だった。

ただ最後に、「今回のことでよくわかりました。やっぱり君は、あの家の中で、何ひとつまともに見えていなかったんですね……」と、気になる一言を添えられたという。

そんなことがあったのに、宗次郎さんは、今でもその部屋で暮らしている。

なぜ住み続けるのか理由を聞いても、微笑むばかりで、決してそれ以上は話さない。

その笑顔が妙に気味が悪いので、最近ではもう、尋ねることもしなくなった。

弟の亡骸

由美《ゆみ》さんの住む1DKの部屋から、同居していた弟の遺体が見つかったのは、死後一か月以上も経ってからだった。

隣人から「腐敗臭がする」と通報を受けて警察が踏み込んだ時、由美さんは炬燵《こたつ》で夕飯のうどんを啜《すす》りながら、テレビを観て笑っていたという。

部屋中に蠅が飛び交い、床一面に蛆虫《うじむし》の死骸が乾き潰れて散乱している。

寝室には、全体が変色したベッドの上に、腐敗した男性の亡骸《なきがら》が横たわっていた。

誰もが悪臭に口元を塞《ふさ》ぐ中、由美さんだけが不審な顔で、

「警察が何の用ですか……?」と首を傾げていたという。

警官がベッドに横たわる遺体を指差すと、由美さんはまるで初めて気付いたかのように絶叫して、その場で卒倒したそうである。

狭い1DKで、なぜ肉親の遺体を放置し続けられたのか、という警察の厳しい取調べにも、由美さんは「死んでいるのに気づかなかった」と繰り返し供述。

当然事件性も疑われたが、検視の結果、他殺の可能性がないことが判明すると、由美さんの異常な行動は、同居する弟が突然死したことによる、一時的な心神喪失《しんしんそうしつ》ということで落ち着いた。

ただ、すべてが終結した後も、由美さんは周囲の人たちに、

「私は頭がおかしくなってない」

「本当に死んでいるのに気づかなかった」

と繰り返し訴え続け、家族や友人からは、事件をきっかけにすっかり心を病んでしまったと噂《うわさ》されているらしい。

「でもさ、あいつの話は本当なんだよ。弟と二人暮らしだったけど、姉弟仲良くてね。事件の後、いろいろあって別れてしまったけど、それまで俺と由美は恋人同士だったからね、よくあの部屋にも遊びに行って、三人でご飯を食べたりしたよ」

「遺体が見つかったあの日も、俺は前日から泊まっていてね、会社へ出かけるまでの間、由美と弟くん、三人で仲良く朝ご飯を食べたはずなんだよね……」

そう話し終えると、太一《たいち》さんは、肩をすくめて苦笑いした。

治験で世界を旅する男

治験とは、新薬を開発する際、人の体で薬効や副作用を確かめる「治療の臨床試験」のことである。

私も大学生の頃、周囲には内緒でこっそり治験のアルバイトをしたことがあるので、どのようなものかは多少わかる。

承認前の新薬であるため、どのような副作用があるのかわからないという身体へのリスクはもちろんのこと、期間は短くとも二週間、長い場合は一か月以上にも及ぶうえ、その間は外出や自由が制限されるケースも多く、通常の生活を送る人にはあらゆる面で負担が大きい。とても人に勧められるようなものではないが、その分、得られる報酬も高額になるのは確かだ。

私が体験した治験では、塗り薬で二十万円、飲み薬で四十万円、目薬で八十万円と、リスクに応じて金額が高くなっていった。

目薬の治験を引き受けた時、同室になった男性は、治験で収入の大半を得ているという猛者《もさ》だった。

治験の貯金で購入した真っ赤なスポーツカーの写真を自慢気に見せてくれたのだが、写真を握る彼の右腕は、肩から脱色したように真っ白だった。その姿を見て、自分もこうなる前に治験で稼ぐのはやめよう、と決意した思い出がある。

私が経験したのは国内の治験だが、英語が得意な人であれば、どうやら海外の治験のほうが、はるかに割がいいらしい。

世界に流通させる新薬であれば、当然アジア人での治験も必要となるが、治験に適した健康体のアジア人で、リスクの高い治験を引き受けてくれる人を現地で探すのは難しい。そのため、渡航費は業者持ち、報酬も高額という、海外のコーディネーター経由で持ち込まれる治験が相当数あるようだ。

治験期間は、外出を禁じられたり、食事内容を制限されるケースが大半だが、逆にいえば、住む場所と食事を保証された暮らしでもある。

生活費が不要なうえ、治験中はお金を遣わないので、期間中の報酬は丸ごと手に入る。そのため、海外での治験は、とりわけバックパッカーにとって、かなり割のいいアルバイトとして知られている。

バックパッカーとして旅をして回り、資金が尽きれば治験で稼ぐ。そしてまた、報酬の数十万円を元手に旅を続けて世界を巡る。そんな生活をしている人が、実は結構いるのだという。

原田《はらだ》さんもまた、そうした「治験で世界を旅する男」であった。

欧州では、イギリス、ベルギー、オランダあたりが治験のメッカといわれており、特にロンドンの治験は、物価が高い分、治験の報酬も高額になる。

原田さんは、ロンドンの治験で高額報酬を得たあと、その資金を元手に欧州を巡り、手持ちがなくなれば、またベルギーかオランダで治験を挟むなどして、およそ一年かけて欧州全域を旅するのが好きだった。

欧州を巡り終えると、またロンドンで旅費を稼ぎ、今度は東南アジアをぐるりと旅した後、資金が尽きる頃に、日本の実家へ少しだけ戻って態勢を立て直す。

そしてまた、ロンドンの治験から始めて世界を旅するという生活を、二十代前半から三十代半ばまで、ゆうに十数年間は続けていたという。

ある時、海外の治験コーディネーターから、「リスクは高いが、報酬が通常の二倍ある治験をやらないか」と持ちかけられた。

内容を聞いてみると、どうやら抗精神病薬のようである。神経に作用する薬なので、副作用のリスクもそれなりにある。ただその分、報酬は一か月で百万円という破格の金額であった。

これだけあれば、一度は行きたかった北欧の氷のホテルに長逗留《ながとうりゅう》して、念願のオーロラを見ながら過ごすことだって出来る。

夢は膨らみ、原田さんは二つ返事でその治験を引き受けた。

ただ、いざ現地に着くと、施設の異様な佇《たたず》まいに驚かされた。

通常の病院や研究施設ではなく、一見すると、古い立派な洋館にしか見えない。

もちろん中は改装されており、洋館の奥には隣接して建てられた研究棟もあるのだが、治験者が居住するエリアは、ほぼ完全な洋館である。

瀟洒《しょうしゃ》な建築様式を施した、洗練されたエントランス。暖炉のある豪華なリビングは共有スペースとして開放されており、調度品もすべて歴史を感じさせる物ばかり。リビングには、治験者が自由に読書を楽しめる図書館も併設されている。食堂には、映画でしか見たことのないような立派な長机が置かれているなど、とにかく通常の治験では見たことのない環境が用意されていた。

さすがに治験者の部屋だけは増築されていたので、古風な内装ではなかったものの、治験では珍しく、相部屋ではなく個室が与えられた。さらに各部屋にはテレビやセミダブルのベッドが用意され、従来の治験とは比べものにならない優雅さである。

大変に驚いたが、主催者に言わせれば、今回は精神神経に作用する薬なので、生活環境を整えることが大切なのだという。そのため、治験者は生活するうえで、絶対に守らなくてはいけないルールがひとつ設けられていた。

それは、「治験者同士の会話は禁止」というルールであった。

もちろん、通常の治験と同じルールはある。外出は禁止で、食事も施設が提供するものしか食べられない。また、情報漏洩の可能性があるため、カメラや通信機器は期間内、施設のほうで預かるなど、いわゆる研究施設らしい厳格なルールは存在する。

ただ、治験者同士の会話が禁止、というのは、治験慣れした原田さんにも初めての経験であった。

会話禁止の理由は、精神面に作用する薬なので、「治験者同士の人間関係が、試験の内容に影響を及ぼすのを防ぐため」と説明された。

二十代から三十代の男女が十五名ほど集められた環境なので、親しく接するうちに恋愛へ発展する可能性があるし、宗教や文化の異なる者同士で会話をすれば、諍《いさか》いや揉め事もあるだろう。

そうした一つひとつの出来事が、ドーパミンやセロトニンといった、各人の脳内物質の分泌に影響するため、投薬による正しいデータを得ることが出来ない。そのため、治験者同士のコミュニケーションは会釈程度のジェスチャーに留め、会話は一切禁止、ということであった。

これには、原田さんはすっかり参ってしまった。

とにかく好奇心旺盛、あちこちを旅しながら、あらゆる人たちと会話するのが大好きな性格である。毎日リビングや食堂で顔を合わせる人たちに、声をかけたくて堪《たま》らない。

ただ、個室の中以外では、各所に監視カメラが設置されており、監視役の係員も立っているので、朝から晩まで治験者の行動は見張られている。こっそり目を盗んで、他の治験者に声をかけることは不可能であった。

我慢できなくなった原田さんが、少しくらいなら構わないだろうと思い、リビングで他の治験者へ軽く挨拶をした時は、すぐに係員が走り寄ってきて、会話禁止のルールを守るように厳重注意を受けてしまった。

普通ならば、高額報酬のためにひと月くらい会話を我慢しそうなものだが、原田さんはどうにも人と話さないと落ち着かない。そこで、会話を禁止されていない係員や、もう一人、毎日エントランスの床を拭きにくる初老の掃除夫へ話しかけることにした。

最初は迷惑そうにしていた係員も、やがて気さくな原田さんの人柄に負けたのか、次第に会話を交わしてくれるようになり、掃除夫も無口ではあったが、原田さんがしつこく声をかけると、時折手を止めて、簡単な返事はしてくれるようになった。

一日一回、朝食で出される白い錠剤を飲み、日に二度の採血を行い、午後には必ず医師の問診がある。最初の一週間は、特に副作用が出ることもなく、原田さんはそれなりに快適な時間を過ごしていた。

ところが、一週間経つと、問診で医師から「薬を変えましょう」と唐突《とうとつ》に言われた。

医師からは、今まで飲んでいたのは有効成分を含まないプラセボ（偽薬）だったのだが、検査の結果、原田さんは今回の薬と非常に相性が良い体質であることが判明したので、今から本物の薬に切り替えたい、と説明された。

臨床試験では通常、本当に薬が効いているのかを確かめるため、実際の薬を投与するグループのほかに、無害だが何の効果もない偽物の薬を投与するグループを設けて、その差を比べることで、薬の効果が本物かを調べる。

今回、原田さんはプラセボのグループとして試験を開始したのだが、体質的に薬の効果が大きく期待できそうなので、実際の薬を投与するグループへ変更したい、という話であった。

一旦臨床試験が開始してから、途中で薬を変更するという話など、長い経験を振り返っても、今まで聞いたことがない。

原田さんは疑問には思ったが、熱心に説明する医師を見て、まあそういうこともあるのかと自分を納得させ、薬の変更を承諾した。

翌日から、青い錠剤を飲むことになった。

いざ飲んでみると、プラセボだった白い錠剤とはまるで違い、神経に作用する副作用の影響なのか、全身が怠《だる》くなり、頭が重く、気力が湧かない。

自室ベッドからほとんど起き上がれず、食堂へ行くのも億劫《おっくう》である。係員を見ても話しかける気分にもならず、あのままプラセボにしておけば良かったと激しく後悔した。

薬を飲んで三日目を迎え、さすがに少しは動かなくてはと思った原田さんは、数日ぶりに館内を散歩すると、エントランスでいつもの掃除夫に出会った。

原田さんが挨拶をすると、掃除夫はなぜかじっと原田さんを見つめ、しばらくしてから、「青い薬を飲んでいるのか?」と訊いてきた。

実は最近飲みはじめたと答えると、掃除夫は真剣な表情で顔をぐっと寄せ、「青い薬は止めておけ。危ないから、すぐにここを出たほうがいい」と言ってきた。

突然の忠告には当惑したが、リスクを承知で引き受けた治験である。副作用が危険なのは十分理解しているし、すでに体調も悪くはなってしまったが、百万円の報酬には代えられない。掃除夫の言葉に不安は感じたものの、治験をやめようとは思わなかった。

青い錠剤を飲み続けて一週間。原田さんに劇的な変化が訪れた。

一週間目の朝、リビングへ行くと、身体の透けた男性が、暖炉の傍《そば》に立っていたのだ。

あまりのことに仰天して、近くに居る係員へ透明の男が見えるか尋ねたが、そんなものは居ない、と即答された。あそこ、と指差しても、係員は見えないと首を横に振る。

そして、「きっと副作用だから、医師へ相談したほうがいい」と言われた。

早速、その日の問診で伝えると、医師はとても嬉しそうな顔になり、

「おお！　やはりあなたと薬の相性は抜群ですね！」と手を叩いて喜んだ。

原田さんは、身体が怠いこと、頭が重いこと、さらには半透明の人影が見えるようになったことを伝え、これ以上の服用は危険ではないのかと医師に尋ねた。

すると、「大丈夫、単なる副作用です」「半透明の人影は、じきに見えなくなります」と、穏やか口調で宥《なだ》められた。

薬を飲めば、半透明の人影が見えるようになると、最初からわかっているかのような受け答えをされて戸惑ったが、医師に「経過は順調」と言われては、言い返すことも出来ない。仕方なく、そのまま服薬を続けることにした。

翌日になると、半透明の人影はさらに増え、リビングに一人、図書館に一人、食堂に一人と、合計三人も見えるようになっていた。

これは本当に、副作用からくる幻覚なのか。

原田さんは意を決すると、暖炉の傍に立つ男の人影へ近づき、おずおずと声をかけてみた。反応はない。そのまま手を伸ばして触れてみると、まるでホログラムのように、

半透明の身体を指先が通り抜ける。

ただ、触れた瞬間、人影は自分のほうをサッと振り向き、無言のまま彼を見つめてきたので、「ああ、これは幻覚じゃない。きっと幽霊だ」と感じたという。

実は原田さん、昔からいわゆる〝霊感〟が強く、旅先でも不思議なモノを見ることが多かった。

モロッコで出会った占い師からは、他人より特別に霊力が強く、常人ならば見えないモノをはっきりと見られること、霊力に比して非常に生命力と運気が強く、そのおかげで、多くの危険から知らずの内に守られている、と言われたほどだ。

だから原田さんは、目の前に居るのが幽霊だとわかっても、特に怖くはなかった。

これまで、幽霊を見たことは何度もあるが、怖い思いをしたことはほとんどない。

むしろ、これが幽霊ではなく、副作用で神経をやられているだけだとしたら、そちらのほうがずっと恐ろしく思える。

医師に三体見えるようになったことを報告しつつ、「あれは幽霊ですか？　それとも僕の幻覚ですか？」と訊くと、医師は「あなたは度胸があるね」と笑った。

「実は、この洋館には昔から棲《す》みついている霊が居ます。今回の薬の副作用で、人によってはそれが見えるようになるのです。だからわざわざ、この洋館を使って治験を行っているんですよ」

「でも安心してください。身体が薬の副作用に慣れてくると、およそ二週間程度で幽霊はまた見えなくなります」と説明された。

果たして、医師の言葉通り、服薬十日目を過ぎると、半透明だった人影はどんどんと薄くなり、やがてある朝、すっかり見えなくなっていた。

体調不良は相変わらずであったが、幽霊が見えなくなることで、副作用に身体が慣れた証拠だと安心し、最後の一週間は心穏やかに過ごすことが出来た。


いよいよ、退去の日になった。

最後の問診では、医師から「あなたほど完璧なデータをとれた人はいない」と妙な褒《ほ》められ方をした。医師によれば、投薬を終えれば、身体の怠さや頭の重さという副作用は数日間でなくなるという。

荷物をまとめ、エントランスを出ようという時、ふと掃除夫のことを思い出し、原田さんを出口へ誘導する係員に、「掃除夫の男性に伝言を頼む」と依頼した。

入所当初は会話できない苦痛から、毎日のように掃除夫へ話しかけていたが、薬を変えてからは起き上がるのも面倒で、ほぼ自室に籠《こも》っていた。そして、たまにエントランスへ出ても、タイミングが合わず、掃除夫に会うことがなかった。せっかく彼が忠告をしてくれたのに、そのまま一度も話す機会がなかったのが、心残りだったのである。

本当は元気な顔を見せて、大丈夫だったと最後にひと言挨拶したかったのだが、今日はエントランスに姿がない。そこで係員へ伝言を頼むことにしたのだが――。

「君の話す、掃除夫の男なんて、ここには居ない」

係員からは、そう言われてしまった。

そして、係員は薄笑いを浮かべながら、原田さんへこんな話を聞かせた。

君がしょっちゅう話しかけていたつもりの掃除夫なんて、本当はここには居ない。ただ、霊感がとても強い人にだけは、エントランスに昔から棲みついている、掃除夫の幽霊が見えるらしい。この館には、あの掃除夫のほかに何体か幽霊が居るらしいけれど、掃除夫の姿まで見ることが出来るのは、本当に限られた人しかいないそうだ。

今回のテストでも、素質がありそうな人間を集めたけれど、掃除夫の姿を見たのは、結局、君しかいなかった。

エントランスで君が話しかけている姿を見て、臨床試験の途中にもかかわらず、医師はプラセボから正式な薬へ変えたくらいだからね。

そう聞かされた後、施設を出た原田さんは、ようやく真相に思い至った。

自分が飲まされていたのは、副作用で幽霊が見えてしまう薬ではない。

あれはきっと、幽霊が「見えなくなる」薬だ。

洋館へ来たときから、そこに棲む幽霊たちの姿は見えていた。

あまりにもはっきり見えたので、鈍感な自分はそれに気づかなかったほどだ。

治験者同士会話禁止というのも、霊感の強い人間同士を集めた時、幽霊が混じっているのを気づかせないためのルールだろう。

青い錠剤を飲むことで、それまではっきりと見えていた姿は、次第にぼやけて見えにくくなり、半透明になったところで、逆に幽霊だと気がついた。

やがて薬の効果で、退所する頃には、すべて見えなくなってしまった――。

治験を終えてから、原田さんが生来持っていた力はすっかり衰えてしまい、占い師に言われたような活力や強運もなくなってしまった。

体力も気力も乏しくなり、それに伴い好奇心も薄れていく。

それでも、治験で得た報酬を元に、無理をして欧州を巡ったのだが、旅の途中で事故に巻き込まれ、大怪我をして日本へ帰国することになった。

原田さんは、それからは二度と、治験をすることもなければ、世界を旅することもなくなったという。

両脚の膝から下を失ってしまい、車椅子生活を余儀《よぎ》なくされている原田さんへ、その負傷の経緯を尋ねたところ、聞かせてくれた話である。

桜の季節

私は、怪談と猫の次に、映画や漫画が大好きだ。

おかげで、共通の趣味を持つ人たちと交流する機会には結構恵まれている。

その日は、様々な趣味を持つ人たちが集まって、都内の公園で花見をするというイベントに呼ばれていた。参加者は、友人知人を誘っても構わないということで、最終的には総勢三十名を超える大宴会になったことを覚えている。


その宴席で、滝沢《たきざわ》さんという映画好きの男性と数年ぶりに再会した。

いつでもあか抜けた出で立ちをする男で、その日もナチュラルな素材の服をお洒落に着こなしていた。昔から女性に好かれる男だったが、久しぶりに会うと、三十代後半という渋さも加わり、ますます男の色気が漂っている。

近況報告をしたり、最近の映画の話をした後、彼が急に恋愛の話を振ってくるので、「僕なんかよりも、滝沢さんのほうが、いろんな話があるでしょう」と笑って返すと、「何年か前に失恋しちゃって、それ以来ご無沙汰です」と、彼は寂しそうな顔をした。

そして、急に思い出したように立ち上がると、私に紹介したい人がいるから、ここで待っていてくれ、と言われた。

しばらくして滝沢さんが連れてきたのは、明るい雰囲気の彼とは対象的な、もさっとした陰気な印象の男性だった。

あまりにモソモソと小声で名乗ったので、実は、未だに彼の名前がわからない。

小柄でぽっちゃりした体型、整えていない髪、大きな眼鏡に地味なセーターを着こんでおり、小綺麗《こぎれい》で華やかな滝沢さんと並ぶと、どうにも見劣りするのが気の毒である。

滝沢さんは男性に、「ホラ、例の〝面白い話〟を聞かせてあげてよ」と何度も言う。

男性は気が進まない様子だったが、滝沢さんは、私が怪談師であることを強調して、ぜひ話を披露《ひろう》してほしい、と繰り返す。

やがて男性が、「まあ、いいけど……」と話しはじめると、滝沢さんは、自分は何度も聞いているので、終わったら呼んでくれと言い残し、他の人たちの所へ去って行った。

「では、僕の話を聞いてください」

男性はそう言うと、急に熱っぽい口調になり、唐突《とうとつ》に彼の奥様の話をはじめた。

恋愛をしたことのなかった彼が、大学生の時、初めて彼女に出逢ったこと。

必死のアプローチで、ようやく恋が実ったこと。

彼女の前でかっこつけたくて、就職活動をがんばったこと。

会社組織は苦手だったが、彼女が励ましてくれれば一所懸命働けたこと。

社会人三年目でプロポーズして、ついに彼女と結婚したこと。

それから十年、毎日が本当に幸せな結婚生活であること。

休日には映画や美術館に出かけるが、二人で観れば二倍楽しいこと。

野菜が苦手な自分のために、美味しく食べられる工夫をたくさんしてくれること。

年齢を重ねた目元の笑い皺《じわ》が、とっても愛おしく感じること――。


いったい、この話はどこまで続くのだろう。

こっそり時計を見ると、すでに二十分も奥様の話を聞かされている。

滝沢さんの言う〝面白い話〟とは、この溢《あふ》れ出る夫婦愛の話なのか。

だとすれば、私が最近離婚したのを知っているのに、わざわざ愛妻家を紹介してくるとは、滝沢さんも結構な悪趣味なことをするなあ……と内心苦笑いしていたのだが。

突然、男性の声から、それまでの熱が消えた。

心のこもらない口ぶりで、台詞を棒読みするような調子で言う。

でも、この桜の咲く季節だけ、忘れていたことを思い出してしまうんです。

妻はもう、五年前に亡くなっていることを。

桜の咲く時期、その十日ほどの間だけ、本当のことに気付いてしまう。

僕は、妻と楽しく暮らしているはずなのに。

毎日、一緒に過ごしているはずなのに。

アナタどう思いますか、毎日僕と居る妻、アレはいったい何なのでしょう。

そう言うと、男性は気の抜けた表情になり、そのまま黙り込んでしまった。

吃驚《びっくり》した私は、詳しく話を聞こうと質問してみたが、何を訊いても、男性は妻がいかに素晴らしいか、いかに毎日が楽しく幸せかをボソボソと繰り返す。

それ以上、詳細を聞くことを諦めて質問を止めると、男性はそのまま茫洋《ぼうよう》とした佇《たたず》まいで、桜を見上げたまま何も喋《しゃべ》らなくなってしまった。

私は何とも言えない気分になり、男性から少し離れた場所で独り酒を飲んでいると、滝沢さんがこちらに戻ってきて、「どう？　面白かったでしょ？」と微笑む。

今聞いた話を彼にそのまま伝えると、滝沢さんは、わかっているよ、と頷《うなず》きながら、でも実際の話はちょっと違う、面白いのはここからなんだ、と続きを話しはじめた。

あいつはね、桜の季節に、本当のことを思い出すんじゃない。違うんだよ、桜が咲くと、本当のことを忘れてしまうんだ。

あいつは幸せな結婚生活だったと言うけれど、実際にはとっくに終わっていた。奥さんは、旦那以外に好きな人が出来てね、あいつに離婚したいと言ったんだ。そうしたら、奥さんが人生のすべてだった彼は錯乱《さくらん》してしまって。大喧嘩のうえ、誤ってマンションの階段から、奥さんを突き落としてしまってさ。そのまま、奥さんは転落の打ち身で亡くなったよ。

監視カメラの映像が残っていて、事故に近い過失致死ということになった。

執行猶予がついていて、あいつは服役することもなかったけれど、奥さんを殺したことに変わりない。それも、あいつの独占欲とエゴのせいで。

奥さんも悔しかったんだろうね。

あいつが言うには、眠りにつこうとすると、必ず枕元に亡くなった奥さんが立って、憎しみに満ちた怖い顔で、朝までずっと睨《にら》んでくるらしい。

そうやって、あいつは毎日自分の罪に怯えて暮らしているくせに、桜の咲くこの季節だけは、すっかりそのことを忘れてしまう。

亡くなった妻と、今も幸せな結婚生活を送っている、この季節だけはそう思える。

きっと奥さんが、桜を大好きだったからだろうね。

桜の季節だけ、あいつは許されているんだよ。


そう語ると、滝沢さんは、「ね、面白かったでしょ」と笑いかけてきた。

私が「本当の話ですか?」と訊くと、滝沢さんは「モチロン本当だよ」と、真意の掴めない笑顔で返事をする。

「それが本当だとして、彼は滝沢さんのお友達ですよね？　どうして彼の恥になるような、こんな話を人に聞かせて回るんですか？」

私がそう尋ねると、滝沢さんはますます笑顔になって言う。

彼女は優しいから、桜の季節は許すけれど、僕は絶対に許さない。忘れているなら、無理にでも思い出させてやりたくてさ。彼女が好きだった恋人って、僕のことなんだよね。

彼は満面の笑顔なのに、私にはそれが、背筋が凍るほど陰惨な表情に見えてしまう。

「つまり、奥さんの不倫相手が、滝沢さんだった……というわけですね」と訊いたら、

「恋人だと言ってるよね。不倫なんて汚い言葉使わないでよ。くだらないこと言うと、たとえ夜馬裕さんでも、殺しますよ」と、笑顔のまま、きつく睨まれてしまった。

冷たい笑顔を浮かべる滝沢さんと、彼の肩越しに見える、茫然とした男性の横顔。

春の風がザーーッと吹いて、舞い散る桜が彼らに降り注いだ。

いってもいいよ

変わりゆく東京の風景に昭和の佇《たたず》まいを今も残す酒場街、新宿ゴールデン街の馴染《なじ》みの店に、かつて実香《みか》さんという方が勤めていた。

諸事情あり十代半ばでほぼ一人暮らしをはじめた彼女は、多くの苦労を重ねながらも、世知辛い日々を生き抜いてきた、四十代の滋味深い人柄の方である。

ある時、実香さんと乾杯しながら、何か不思議な体験はないかと尋ねると、

「私、人を殺したことがあるんです」

と笑いながらサラッと言うので驚いた。

これは、そんな実香さんから聞いた、若き日の思い出である。

実家を出ることになった十代の頃、自力で食いつなぐため、身を粉にして働いていた実香さんは、ある時、仕事を通じて亮平《りょうへい》さんという男性と知り合った。

亮平さんは知り合って間もなく、当時住む所もままならなかった実香さんに対して、「来るの？　来ないの？」とだけ訊いて、彼女を家に同居させてくれたそうである。

彼は通常の方法では回収できなくなった債権者の名簿を片手に、様々な方法で資金回収することを生業《なりわい》としていた。暴力団ではなかったかも知れないが、当然、堅気《かたぎ》というわけでもない。

普通の女性なら、警戒して一緒に住むこともないだろうが、当時生活に困窮《こんきゅう》していた実香さんは、あなたが構わないなら、と一緒に暮らすことにした。

いざ同棲《どうせい》してみると、亮平さんは決して嫌な同居人ではなかった。当時の思い出を語る実香さんは、いつも穏やかで懐かしそうな表情をしている。

「私にとっては、優しいお兄ちゃんが出来たような気持ちだった。向こうからすれば、珍しい女の子を拾ってきた、って感じだったのかも」と、実香さんは笑って話す。

ただ、彼は重度の喘息《ぜんそく》持ちであり、咳が出て仕事に差し支えるからと、使用量をはるかに超えた気管支拡張剤を日々吸引し続けていた。

心肺機能を相当に悪くしている様子で、常に死が隣り合わせにあるような彼の姿を見ながら、「この人は大丈夫なのだろうか」と、実香さんはいつも心配になっていた。

ある朝、実香さんが目覚めると、薄暗がりの中、亮平さんがベッドの縁にぼうっと座っていた。そして、「死んだばあちゃんの夢を見た」と、青ざめた顔で呟《つぶや》いた。

その後、一旦は仕事へ出た亮平さんだが、ほどなく帰宅すると、突然荷造りをはじめ、「ばあちゃんの墓参りへ行ってくる」とだけ言い残して家を出て行った。

「たとえ俺が倒れても、医者はダメだ、呼ぶなら看護師にしろ」というのが口癖になるほど、普段は決して仕事を休みたがらない人なのに、突然、墓参りで帰省すると言い出すのだから、これは尋常ではない。

しかも、一日、二日と経っても亮平さんからの連絡は一切なく、どうしたんだろうと、実香さんはどんどんと不安が募《つの》っていった。


三日目の夜のこと。

亮平さんの弟と名乗る男性が家へ訪れ、「兄貴は実家へ帰省中に倒れて、現在は意識不明の重態です。たぶん、もうダメだと思います」と突然に告げられた。

そして、驚きと戸惑いで頭が真っ白になっている実香さんへ、弟は「この部屋も引き払うので、申し訳ないのですが出て行ってください」と言った。

急な展開に明日からの不安を抱えながらも、もうここへ戻ることはあるまいと覚悟を決め、実香さんは簡単な荷造りを済ませた。その際、亮平さんのお気に入りだったスウェット、サングラス、ジャケットをこっそりと鞄《かばん》へ忍ばせたという。

まずは弟と一緒に彼の入院先へ見舞いに行くことにしたが、病院で再会した亮平さんは完全な植物状態で、全身につながれたチューブでかろうじて生かされていた。

家族から改めて聞かされた話によれば、突然帰省してきた彼は、ほとんど喋《しゃべ》らず、青ざめて具合の悪そうな様子で黙々と過ごし、三日目になって急に「苦しい」と言って倒れたきり、病院へ運ばれる車の中で意識を失ってしまった。病院で蘇生《そせい》を行い一命は取り留めたものの、そのまま脳死状態となり、現時点では回復の見込みはほぼ無い状況だという。

「チューブでつながれた彼を見て、ああ、この人はもう助からないんだ。本当は亡くなってるんだな、って思った。でも彼のご両親がどうしても諦めきれなくて、このままにしてほしいと、病院にお願いしていたの」

実香さんはふと、あの朝見た亮平さんの青ざめた表情を思い出し、「ああ、きっと彼は死期を悟ってしまったんだな」と思った。

だからこそ、死ねない彼のことが、いっそう不憫《ふびん》に感じられてしまったという。

それからは毎日、植物状態のまま横たわる亮平さんの病室で、家族と共に付き添いながら、意識のない彼へ話しかける日々が続いた。

とはいえ、無理に生かされた脳死状態である。身体は機能を少しずつ失っていく。ドロドロした赤黒い尿が出てくるのを見て、実香さんは、「やっぱりこの人は、本当はもう亡くなっているんだ」と実感したという。

それでも、彼の両親は「どうしても嫌だ」と言って、医師の勧めに従い、生命維持装置のスイッチを切ろうとは決してしなかった。まだ若い息子である。一縷《いちる》の望みに縋《すが》る両親の気持ちを思えば、それも仕方のないことなのだろう。

ただ、植物状態の人間を機械で生かし続けることは、非常にお金がかかる。この状態がひと月、ふた月と長引けば、遠からず彼の家族は、精神的にも経済的にも追い詰められていくことは間違いなかった。


そうして、ひと月以上が経ったある晩のこと。

ここ数日間、今夜が峠では……という危篤《きとく》状態だったので、毎晩家族の誰かが泊まり込みで病室へ付き添っていたのだが、その夜は担当医が「とても状態が落ち着いているので、ご家族が居なくても大丈夫でしょう」と言った。

そこで、彼の弟は憔悴《しょうすい》した母親を一旦家へ連れて帰り、父親は病室の片隅で朝までゆっくり眠ることにした。

亮平さんのベッドの横には、実香さんだけが残された。

「私はね、わかっていたの。本当はもう逝きたいのに、家族を悲しませたくなくて、がんばっているんだなって」

「だからね、二人きりになった時、彼の耳元でそっと囁《ささや》いてあげたの」


お母さんは、弟さんが家へ連れて帰ったよ。お父さんも寝てるよ。家族はみんなゆっくり休んでいるよ。だから、大丈夫。

もう、逝《い》ってもいいよ。


そう、囁いたのだという。

途端、スイッチが切れたように鼓動《こどう》が止まり、全身がカクカクと痙攣《けいれん》した後、装置からはピーーッという心拍ゼロの音が聞こえた。

手を尽くしたが、彼の命が戻ることはなかった。

嘆き悲しむ家族を見ながら、それでも実香さんは、「これで良かったんだ」と思った。

そして、病院の屋上で空を見上げながら、「やっと逝けたね」と胸の内で呟き、亮平さんへ最後の別れを告げた。

ただ後日、彼の亡くなった日が、「墓参りに行く」と話していた彼の祖母の命日と同じ日だったと知り、その時ばかりは、ぞわっと鳥肌の立つ思いをしたという。

「寂しい話ですね」と私が言うと、

「そんなことないよ、だってその時には、彼の子どもがお腹に居たもの」と微笑んだ。

そして最後に、「ほらね、私、人を殺したことがあるでしょ」と話を締め括った。

彼の家を出る時にこっそりと持ち出した、スウェット、サングラス、ジャケットは、四半世紀以上経つ今でも、大切に手元へ残してあるという。

そして、大きく成長した息子さんは、今年で二十六歳を迎える。

カセットテープ

「いやあ、僕ねえ、たまーに聴こえるの。ほんと何年かに一度なんだけどさ。ラジオのチューナーが合うみたいに。みんなには馬鹿にされるけど、兄さんは怖い話好きなら、そういうのわかるんじゃないの」

そう語るのは、矢田《やだ》さんという四十代後半の男性。

普段から、何かが視えるわけではない。もちろん、霊能者の類でもない。

ただ、時々、妙なものが聴こえてしまうそうだ。

そんな矢田さんの記憶に残る一番の体験は、はるか昔、小学六年生のことである。

当時、矢田さんは、何十本ものカセットテープに録音された、家族の記録を聴くことに凝っていた。両親や祖父母がまめで、家族の行事、旅行、日常の風景に至るまで、とにかく家族の様子をカセットテープに残していたのだ。

デジタル機器はもちろん、テープ式のビデオもなかった頃のことである。音質の悪いカセットテープを聴くだけなのだが、当時はそんなことでも面白かった。

ただ、せっかく録り溜めていたカセットテープも、祖父が亡くなってしまってからは、「生前の声を聴くのは寂しい」という理由で、矢田さん以外の家族は聴かなくなった。

悪ふざけが過ぎて祖父に怒鳴られ、大泣きする自分の情けないテープを見つけた時などは、大好きだった祖父が思い起こされて、何度も何度も聴き直してしまったほどだ。

「みんなじいちゃんのこと忘れようとしてるみたいでさ、寂しかったのよ。だから余計、じいちゃんの痕跡《こんせき》を探すみたいにテープを聴きまくってねえ」


そんなある日、矢田さんは一本の奇妙なカセットテープを見つけた。

「再生すると、逆回しにしたような、変に間延びした声が入っててさ。いくら聴いても、何を言っているかさっぱりわかんない。誰の声かもわからなくて」

「お経みたいだったから、最初はじいちゃんの葬式の様子かと思ってさ。でも、それにしては声だけで、周りの気配とか音もまったく聴こえない。なんだこれって」

誰ともわからない男の声が、変な抑揚《よくよう》をつけて、「……いぃこぉおくぅやぁあ……」などと、言葉にならない言葉を、低くひび割れた声で唱え続けている。

不気味さを超えて尋常ならざる雰囲気を漂わせていたが、それが逆に子ども心を強く惹きつけた。

最初こそ怖く感じたが、やがて聴き慣れてしまうと、次第に変な節回しが面白くなってきた。しかも、妙に耳に残るものだから、気持ち悪いなあ、と思いつつ、ついついカセットテープの言い回しを真似するようになってしまったという。

「今になって振り返れば、ナゼって感じなんだけど、すげえ踊りたくなったのよ。あの独特の節回しに合わせて」

カセットテープの声真似ばかりしていた矢田さん、そのうちに自然とイメージが湧いてきて、声に合わせて自作の踊りを振り付けるまでになった。

思い返せば、ぐにゃぐにゃ、ぐにゃぐにゃ、と身体をくねらせる奇妙な踊りだったが、なぜかその頃の矢田さんは、声真似をしながら踊ることに夢中になっていた。

家へ遊びに来た友だちに、カセットテープを聴かせつつ、「どうだ、テープの声真似するの上手いだろ」と言って、得意気に声真似や踊りを披露するのだが、たいていは青い顔になり帰ってしまう。酷いときは、泣き出す子までいた。

やがて嫌がった友達は、誰も見てくれなくなったが、それでもとり憑かれたように夢中だった矢田さんは、友人が駄目ならば……と、ある日父親へ披露してみたところ、普段は温厚な父親から物凄い剣幕で怒られてしまった。

「いい加減にしろっ！　ってひっぱたかれてさ」

「こっちも急に怒られたから、なんだよ！　って言い返すんだけど、父親は俺のほうなんか見ないで、バキっとカセットテープをへし折っちゃってさ」

「俺がエエッなんで？　って驚いているうちに、家族記録のカセットテープをひとまとめにして、全部ゴミ箱に捨てちゃったんだよ。いやあ、ほんとびっくり」

矢田さんは父親の剣幕に圧倒されて、なぜ怒られているのかも訊くことができずに、結局、その出来事はうやむやになってしまった。

ただ、例のカセットテープが捨てられた途端、憑かれたような熱はすっと消え、もうカセットテープも、声真似や踊りのことも、すっかりどうでもよくなったという。


時が経ち、矢田さんは大学生になった。

癌で入院している父親を見舞った折、ふと思い出して、そういえばあんなこともあったね……とカセットテープの話をしたところ、にわかに父親の顔が曇り、「あれはまずかったなあ」と嫌そうな顔をされた。

「真似っこ、なんて言いながら照れ笑いしてたくせに、カセットのスイッチを入れたら、顔から表情がすっと消えてなあ。両手の力がだらーんと抜けて、おい大丈夫か、と声をかけても反応がない。そのうち、子どもとは思えない、低い声を出してな」

父親曰く、能面のような顔で、力の抜けた腕をくねらせながら、身体をぐにゃぐにゃと捩《よじ》りつつ、いぃぃい……こぉお……とずっと歌い続ける。

あまりに興奮しているせいか、口の端からは涎《よだれ》がつーっと糸を引き、我が子ながら、心底ゾッとする様子だったという。

「でもなあ、何より気味が悪かったのは、お前が真似っこと言ってたカセットテープ、なーんにも録音されてない、ただの空テープでなあ……」

そう溜息をついたあと、二度とこの話はしてくれなかったという。

矢田さんがここで話を終えるので、疑問に思った私は「つまり、そのカセットテープは何だったんですか?」と尋ねた。

すると、矢田さんは少し躊躇《ためら》った後、寂しそうな声で話を続けた。

ほら、さっき、テープを逆に回したみたい……って言ったじゃない。
つまり、そういうこと。
テープの声をずーっと覚えてたから、親父と話した後に気がついちゃってさ。

……いぃ……こぉ……くぅ……やぁ……はぁ……なぁ……んぅ……みぃ……

テープは、その繰り返し。

じいちゃんのこと、大好きだったんだけどな。
やっぱり、死んだ人間に執着するのは良くないのかねえ。
そう寂しそうな声で言うと、矢田さんはしばし無言で煙草を吸った。

Kトンネルの怪

神奈川県のKトンネルは、心霊・オカルトの愛好家にはよく知られたスポットである。トンネル上部を古道が通り、火葬場や遺跡群、古井戸などが隣接するなど、複数の要素が相俟《あいま》って、実に多種多様な心霊体験談がある。

Kトンネルは、私が幼少期の一九八〇年代にはすでに心霊スポットとして知られており、未だに毎年何らかの体験談が語られるという。

日常的に車が行き来して、普通に使われている場所である。それでもなお、古びることなく現役の心霊スポットであり続けるところが逆に生々しい。

車を走らせていると、後部座席に霊が乗り込んでくる。

トンネルの壁に、人の顔が浮かび上がる。

車の窓ガラスに、無数の手形がつく。

トンネルの天井から、車のボンネットに人が落ちてくる。

古風な和服姿の女が、トンネルの入口から中へ入り、そのまま姿を消す。

トンネルの中を、血濡れた鎧武者《よろいむしゃ》が歩いている。

例を挙げればきりがないほど、これまでに様々な体験談が語られてきたが、私は、タクシー運転手の猪俣《いのまた》さんに聞いた話を紹介したい。

地元在住の猪俣さんは、三十年選手のタクシー運転手である。Kトンネルの噂《うわさ》はもちろん知っているし、同僚からも幾つか話を聞いたことがある。

Kトンネルではまだ恐ろしい思いをしたことはないが、自身も別の場所では震える体験をしたことがあり、正直、普段からあまり通りたくない場所であった。

肌寒さが増してきた、ある秋の夜。

猪俣さんは、個人タクシーなので、儲《もう》けの少ない日はスパッと切り上げる。

その夜も、仕事を終えて帰路につこうとしていたのだが、暗い道端で、一人の女性が手を挙げていることに気付いた。

時刻は二十三時過ぎ。昼間でもあまり人の往来がない通りで、街灯の本数も少なく、夜はかなり暗くなる。そんな場所に立ち、俯《うつむ》いた女性が手を挙げている。

一瞬、素通りしようかと躊躇《ためら》ったが、事情があって困っている人かもしれない。車を停めて乗せると、女性は俯いたまま、ボソボソと目的地を告げた。

聞いた途端、猪俣さんは嫌な気分になった。

目的地に着くには、Kトンネルを抜ける必要があるからだ。

夜遅くに、この雰囲気の女性を乗せて、例のトンネルを抜けることになるとは。

まるで絵に描いたようなシチュエーションに、「まさか、トンネルを抜けたら、車内から女性が消えたりしないだろうな……」と、不安に襲われながら車を発進させた。

猪俣さんは、内心の不安を誤魔化《ごまか》すように、努《つと》めて女性に明るく話しかけてみるのだが、女性は後部座席で俯いたまま、「はあ……」「いえ……」などと、消え入りそうな声で生返事をするばかり。

Kトンネルの入口へ差しかかる頃には、すっかり会話も尽きて車内は無言になった。

変に緊張してきた猪俣さんは、頼む……消えたりしないでくれよ……と念じながら、バックミラーで後部座席をチラチラと確認しつつトンネルを抜けていく。

ただ、何度か後部座席を気にしているうちに、目の端にあるものが映った。

助手席の窓ガラスの外に、女の顔が、上半分だけを覗《のぞ》かせていた。

女は大きな眼だけをギョロギョロと動かして、舐《な》めるように車内を覗き込んでいる。


現在は時速六〇キロ。窓の外を並走している女は、絶対に生きた人間ではない。

恐ろしくて逃げ出したいが、ここで車を停めてしまうわけにもいかない。

決して目を合わせず、こちらが気付いたことは、女に悟られないようにしよう。

少しでも関わったら、ロクなことにならない気がする。

そう思うと、今度は、後部座席の女性が気付かないか心配になってきた。

俯いたままでいてくれればいいが、うっかり顔を上げて助手席の窓ガラスを見たら、きっと悲鳴を上げたり、車から降ろしてくれと叫んだり、大変なことになる。

こういう良くないモノは、気付かないふりが一番である。

お願いだから、そのまま顔を上げないでいてくれよ……。

そう胸の内で念じながら、猪俣さんは、無言で車を走らせ続けた。


しばらくすると、車はようやくトンネルを抜けた。

女はまだ窓ガラスに貼り付いているのだろうか。

確かめる気にもならないが、トンネルを抜ければ無事に済むはずだという、漠然《ばくぜん》とした安堵感《あんどかん》はある。

そのましばし走ると、交差点が近づいてきた。信号は赤。当然、ブレーキを踏む。

その瞬間――。


やめてーっ！　止まらないでっ！　お姉ちゃんが乗り込んできちゃう！


後部座席の女性が、そう絶叫した。

えっ！　と驚いて後部座席を見ると、女性は顔を上げて、恐怖に目を見開いている。

猪俣さんは、それを見てようやく理解した。

ああ……この女性、窓ガラスの女のこと、ずっと見えていたのか。

それだけじゃない、きっと最初から、この女性に憑いてきたんだ。

交差点で車が止まったときにはもう、窓ガラスに女の顔はなかった。

どう話しかければよいのかわからず、猪俣さんは困惑したまま車を発進させる。

ところが今度は女性のほうから、猪俣さんへ楽しげに話しかけてきた。

先ほどまでの暗く俯いた態度が嘘のように、何より、今起きたことなどなかったかのように、明るい口調で、天気の話や、テレビで観たニュースの話をしてくる。

目的地に着くまで、女性はとりとめのない話を楽しそうに喋《しゃべ》り続けていた。

そして、お会計を済ませた後、女性は猪俣さんのすぐ近くまでぐっと顔を寄せると、

「どうもありがとう」と言い残して、タクシーを降りた。

まるで、人格が変わったかのような女性の姿を見て猪俣さんは思った。

窓ガラスの女が乗り込んで来たのは、きっと車の中だけじゃない。

あの女性もまた、〝お姉ちゃん〟に乗り込まれたんじゃないか——と。

蔵守りの儀

「ばあちゃんが亡くなって、田舎の家を相続したら、ついでに『蔵守《くらも》りの儀』という、変な風習まで引き継ぐことになって……」

そう話してくれたのは和則《かずのり》さん。彼が二十代の頃に体験した出来事である。

和則さんの両親は、彼が幼少期に離婚しており、父親の記憶はほとんどない。離婚後に父親と会うことはなく、母親がずっと女手ひとつで育ててくれた。

その母親も、まるで成人するのを待っていたかのように、和則さんが二十歳を迎えた年に亡くなってしまった。

一人っ子で兄弟姉妹はおらず、父方の親戚とは一切付き合いがない。数少ない親族といえば、母方の祖母と、母親の弟にあたる叔父の二人きりであったが、実家に帰省したがらない母親のせいで、この二人とは数えるほどしか会ったことがなかった。

母親の実家は、かなりの田舎である。詳しい場所は伏せるが、西日本のとある地方の山間にあり、母親は十六歳までそこで育った。

小学校は、全学年が合同学級になるほど生徒数が少なく、家の周りは山と、田畑と、川しかない。そして、はるか離れた養豚場の臭いが、時折風に乗って漂ってくるのが嫌で堪《たま》らなかった、と母親はよく話していた。

田舎暮らしに心底うんざりしていた母親は、高校進学を機に都会へ出て、アルバイトと下宿暮らしの生活を送り、そのまま専門学校へ進学。さらには就職、結婚と、決して実家へ戻ろうとはしなかった。

それでも、孫の顔を見せようと思ったのだろう、和則さんは幼い頃、母親に連れられて何度か祖母の住む実家へ帰省したことがある。

祖母は気難しく神経質で、あまり可愛がられることもなかった。あれをするな、それを触るなと、逗留《とうりゅう》中、ずっと叱られていた記憶しかない。

実家は大きな平屋の日本家屋で、かつて家が栄えていた頃は、大所帯だったこともあるそうだ。ただ、母親が生まれた時には、親類縁者の大半は、少子化で人が絶えるか、別の土地へ移り住むなどしており、広大な屋敷には祖父母しか住んでいなかった。

祖父が他界した後は、十数部屋もある広く閑散とした屋敷の中で、祖母が長年一人暮らしを続けてきた。

すぐ隣には、母親の弟、つまり叔父が一人で住んでおり、彼は地元を出ることはなく、工務店を経営しながら、祖母の面倒をみて暮らしていた。

隣同士なら一緒に住めばいいようなものだが、いろいろと事情があるのだろう、祖母は二十年以上、一人で家を守りながら暮らしてきた。

幼い和則さんにとって、母の実家は、広く、薄暗く、湿って、気味の悪い場所で、優しく接してくれなかった祖母と含めて、あまり楽しい思い出とはいえなかった。

和則さんが二十六歳の時、その祖母が亡くなった。

何か理由があったのだろう、屋敷の相続権は母親とその家族に遺言で指定されていたが、母親はすでに亡くなっているので、相続権は和則さんに回ってきた。

ただ、田舎なので土地の価値など二束三文に等しい。

むしろ、土地を売ろうとしても、建物を取り壊して更地にしなくてはならず、そちらのほうが、はるかに費用がかかってしまう。

かといって、相続すれば相続税はとられるし、所有しているだけで毎年固定資産税を支払わなくてはいけない。

だから、相続を放棄して、あの家を譲ってくれないか。

葬儀の席で、久しぶりに会った叔父さんから、そう持ちかけられた。

すぐ隣に住んでいるし、地元に骨を埋めるつもりなので、この先引っ越す予定もない。代々引き継がれてきた家なので、このまま朽ちさせるのは惜しいし、何より自分にとっては思い出深い生家なので、君さえ良ければ、こちらで引き受けよう、と言われた。

別にいい思い出があるわけでもない。少し前の和則さんなら、相続を放棄して、叔父さんに実家を譲っただろう。

ただ、ちょうどその頃、仕事やプライベートでトラブルが続発して、和則さんは自分を取り囲む人間関係にうんざりしていた。

和則さんは、フリーランスで映像や音源の編集をしており、幸い、機材とネット環境さえあれば、場所を選ばずに仕事が出来る。ストレスの多い都会を離れて、田舎暮らしをしながら、のんびりと働いて生活したい、と考えてしまった。

その気持ちを叔父さんへ伝えると、予想外だったのだろう、かなり驚かれはしたが、和則さんの決意が固いのをみてとり、彼の引っ越しや、諸々の手続きなどを快く手伝ってくれた。

親身になってくれる叔父さんの手伝いもあり、無事に引っ越しを終えた和則さんは、いよいよ、田舎暮らしの初日を迎えることとなった。

必要な荷解きも終え、ようやく一息ついた時には、もう夜になっていた。

手伝ってくれた叔父さんに感謝して、また明日、と別れの挨拶をしようとすると、

「なあ、君はお母さんから、『蔵守《くらも》り』のことは、聞いているのか?」と言われた。

まったくの初耳であり、聞いたこともない、と返事をすると、

「やっぱりなあ。君の様子から、そんな気がしていたよ。

これは、昔からこの家で行っている、まあ、儀式みたいなもんだ。

本当は毎晩、と言いたいところだけど、無理なら一日か、二日おきでもいい。

ただ、絶対に数日に一度はやってもらわなきゃ困る。

ばあちゃんは毎晩やってたし、出来ない日は、俺が代わりにやってきた。

だから、和則くんも頼んだぞ。絶対にやらなくちゃ駄目だからな」

と、叔父さんは真剣な顔で「蔵守り」の話をはじめた。

夜になったら、0時を迎える前に、庭に面した縁側へ出て、「呼子《よぶこ》」を使う。

呼子とは、丸い金属板に木の柄が付いた、ちょうど手鏡のような形をしたもので、柄の下側から紐が伸びて、その先には金属の細い棒がつながれている。

金属の手鏡に、紐で棒が繋がれていると思えばわかりやすい。

縁側に立ち、この金属板を、棒でガンガン、ガンガン、と叩く。ちなみに、蔵守りの儀が終わるまで、この呼子をずっと叩き続けるのが習わしである。

蔵守りさん、蔵守りさん、おいでませ
蔵守りさん、蔵守りさん、おいでませ
蔵守りさん、蔵守りさん、おいでませ

縁側で三回こう唱えると、そのまま庭に出て、ずっと呼子を叩きながら、家の周りをぐるりと回る。

その後、玄関から中へ入り、やはり呼子を叩きながら、十数部屋すべてを決められた順番で回り、最後に、屋敷の中央に位置する特別な部屋の前に立つ。

この部屋は、三方を他の部屋に囲まれ、廊下に面した一か所にのみ入口が設けられており、入口の襖には、大中小の丸を三つ重ねた、三重円が朱い模様で描かれている。襖の前に立ったら、今度は、別の言葉を三回唱える。

蔵守りさん、蔵守りさん、お帰りください
蔵守りさん、蔵守りさん、お帰りください
蔵守りさん、蔵守りさん、お帰りください

その後、襖を開けて中へ入ると、部屋の真ん中に布団を敷き、そこで朝まで眠る。

これを、出来れば毎日、少なくとも二日おきにはやらなくてはいけない。


「これが、ばあちゃんもずっと続けてきた、『蔵守りの儀』ってやつだ」

そう、叔父さんに説明された。

和則さんは、あまりの前近代的な風習を聞いて呆気《あっけ》にとられていたが、なんと叔父さんが、「善は急げだ。さあ、まずは今夜の分をやっちまおう」と言い出した。

こんな馬鹿げたことはやりたくない、と言いたいところだが、叔父さんの表情はいたって真剣である。これまで親切に接してくれた叔父さんが、真面目に言ってくるのだから、これはやらないと拙《まず》いことなのだろう。

嫌々ながらも、叔父さんに連れられて縁側に立つと、話に出てきた呼子という金属板と棒を渡された。

ここまで来たら仕方ない。和則さんは、言われた通りに、蔵守りさん……と唱え、決められた手順で回り、最後に中央の部屋の前で、お帰りください……と締めた。

そこで止めようとすると、叔父さんに、「最後はこの部屋で寝ないと駄目だよ」と言われる。襖を開けると、いつの間に用意したのか、叔父さんが布団を敷いてくれていた。

翌日から、毎晩十時を過ぎると、隣に住む叔父さんが訪ねて来るようになった。

今夜は仕事が忙しい、と誤魔化そうとしても、「終わるまで待ってるよ」と言って、和則さんが蔵守りの儀を終えるまで、決して帰ろうとはしない。

身寄りのない場所で、頼れるのはこの叔父さんしかいない。機嫌を損ねたくないので、しぶしぶ付き合うのだが、和則さんは早くも田舎暮らしに嫌気が差しはじめていた。

この儀式をやりたくないのは、面倒なだけではなかった。

一週間ほど続けると、眠っている時に、妙な気配を感じるようになったのだ。

四方が壁なので、電気を消せば真っ暗な部屋である。

その部屋の中で、闇よりも濃い、黒い人影を感じるのだ。

怖くなって電気をつけると、人影はどこにも居ない。気のせいだと思いたいのだが、電気を消すとまた、布団のすぐ傍に、見下ろすように立つ、黒い影の気配がある。

ある晩、あまりに怖くなって電気をつけたまま寝たのだが、夜中に息苦しさを覚えて目を開けると、いつの間にか電気が消えて真っ暗になっていた。

電気をつけるため身体を起こそうとした時、ふーーっと、首筋へ吐息のような冷たい風を浴びせられ、思わず暗闇の中で絶叫した。

這うようにスイッチを探り電気をつけると、やはり部屋の中には誰も居なかった。


こんな生活を二週間ほど続けて、和則さんは蔵守りの儀をやるのがすっかり嫌になってしまった。どう考えても、人影の原因は、あの儀式のせいとしか思えないからだ。

叔父さんには、自分の生活のリズムもあるので、夜に来られると困ってしまう、蔵守りの儀はきちんとやるので、と口約束して毎晩の来訪を断り、結局は、その晩から儀式をするのをやめてしまった。

早速、その夜から人影が枕元に立つことはなくなった。

和則さんは、元々、真っ暗なほうが熟睡できるので、人影さえ居なくなれば、明かりの入らない中央の部屋は最高の寝室である。数日間は快適な夜を過ごした。

ただ、儀式をやめてから三日ほど経つと、家の空気が妙に湿っぽく、重苦しい雰囲気に変わっていった。

買ったばかりの野菜が、冷蔵庫の中で腐る。

晴れた日に、わざわざ庭で干しているのに、洗濯物が生臭い。

十日も経つ頃には、気のせいでは済まされないほど、湿って、重く、黴《かび》臭い空気が家中に漂うようになってしまった。

まさか、蔵守りの儀をやめた途端、こんなことになるとは思わず、和則さんはすっかり困ってしまったが、もう一度再開するのはどうにも気がひける。前近代的な儀式に囚われた生活というのも我慢ならない。偶然だと自分に言い聞かせてさらに数日暮らしていたのだが、ある晩、異変を感じ取った叔父さんが訪ねてきた。

玄関をくぐるなり、叔父さんは、うえぇ、と吐きそうな声を出し、「蔵守りの儀、ずいぶん長い間やってないだろう！」と、和則さんを叱った。

「今すぐにやるぞ」という叔父さんに促され、和則さんは嫌々ながら、久しぶりに蔵守りの儀をやることになった。

ところが、いざはじめてみると、呼子を叩きながら歩くだけで、周囲の空気が浄化されていくのがわかる。これまでの息苦しさが、溶けるようにスッと消えていくのだ。

ここまで露骨に体感しては、続けないわけにもいかない。和則さんは翌日から、また蔵守りの儀を毎晩行うことにした。

おかげで、家の空気が重く湿ることはなくなった。

ただその代わり、再び黒い人影が、眠る彼の横へ立つようになった。

ある晩、首筋に冷たい吐息を感じて目覚めると、すぐ横に、人影の黒い顔があった。

そして、耳元で囁いた。

あなたが、次の蔵守りさん？　と。

和則さんは、これは、まずいことになったかも知れない、と思った。

昔からの習慣ということで、奇妙なことには目を瞑《つむ》ってきた、いや、見ないようにしてきたが、考えれば、日々関わっている自分は、無事に済むのだろうか。

蔵守りとは、そもそもいったい何なのか。まずはそこから確かめなくては。

翌朝になると、儀式の開始地点である縁側に立ち、周囲に何かを祀《まつ》った、それらしい祠《ほこら》などがないか、ぐるりと辺りを見回してみた。

しかし、室内にも、庭にも、何かを祀った形跡は見当たらない。

もしやと思い縁側の下を覗《のぞ》き込むと、はるか奥に、黒い壁のような物が見える。

縁の下は、四つん這いで進める程度の隙間があったので、和則さんは下へ潜り込み、そのまま奥にある黒い壁を確かめに行った。

近づくと、それは石造りの壁で、部屋の壁のように四角く配置されていた。壁には金網の嵌《はま》った十センチ四方の小さな穴がいくつか開いており、穴から懐中電灯で照らすと、中は壁に囲まれた空洞の部屋になっていた。

しかも、今見えているのは壁の一部で、実際は土の下へと続いており、どうやら壁で仕切られたこの空洞は、屋敷の下に作られた地下室のようである。金網の嵌められた穴は、きっと換気用の空気穴に違いない。

その後も縁の下を捜索した結果、この地下室は、屋敷の中央、つまり普段自分が眠っている、あの部屋の真下にあるということがわかった。

地下室の空気穴は、庭に面した壁側にしかない。そこから真っすぐ庭へ向かって縁の下から出ると、ちょうどいつもの縁側へ出る。

つまり自分は、この縁側に立って、「蔵守りさん、蔵守りさん、おいでませ」と呼びかけているわけだ。

縁側でその名を呼ぶと、地下室に棲《す》むモノが、ゆっくりと空気穴から這い出して、縁の下から現れる。

呼び出したモノをそのまま引き連れて、庭を歩き、玄関から招き入れ、家中を案内し、最後に中央の部屋で、「蔵守りさん、蔵守りさん、お帰りください」と送り返す。

呼び出されたモノは、部屋の下に作られた地下室へと戻っていく。そして、儀式を執り行った者は、まるで蓋《ふた》をするように、その上に布団を敷いて朝まで眠る。

そんな光景が、和則さんの頭に浮かんだ。

和則さんは、すぐさま叔父さんを家へ呼ぶと、地下室を見つけたことを伝え、他に何か隠していることはないか、そして蔵守りとはいったい何なのか、この際、きちんと説明してほしいと強く迫った。

和則さんの深刻な様子を見て、地下室を見つけた以外にも、何かがあったと悟ったのだろう、叔父さんは家に伝わる蔵守りの伝承を聞かせてくれた。


事の発端は、明治初期まで遡《さかのぼ》る。

当時、当主だった人物は、政府から貿易の仕事を請け負って財を成し、事業を引退後、現在の場所へ大きな屋敷を建てた。

屋敷の中には、当主専用の小さな蔵があり、その中には、仮面やお札、祭礼具や呪術品など、趣味で集めた宗教的な品々が収められていた。家人は不吉なことが起こりそうだ、処分してほしいと頼んだが、当主は聞き入れることなく、晩年は蔵の中に入り浸り、蒐集品を眺めて過ごしていたという。

ある時、裏手の山で大規模な地崩れが起こり、押し寄せる大量の土砂で、屋敷全体が土の下に埋まってしまった。奇跡的に家人は皆外に出払っていたが、家に籠《こも》って暮らしていた当主だけは、そのまま蒐集品の蔵と一緒に土中へ消えてしまった。

地元では、当主が亡くなったのは、不吉な物を集めた報いだと噂された。そして跡を継いだ当主の息子もまた、それら蒐集品を掘り起こそうとは思わなかった。むしろ、土砂に埋まった屋敷や蔵の上へ、大量の盛り土を分厚く載せ、まるで蓋をするように、その上へ新しい屋敷を建てた。

なぜそんなことをしたのか、記録に残っていないので、真意のほどは定かではない。ただ、もし何かを封じようとしたのなら、それは失敗に終わった。屋敷を新築して以降、家人に怪我や病気が絶えなくなり、ついには酷い亡くなり方をする人まで出た。

困り果てた当主の息子に対して、その頃、地元では少し名の知れた霊媒師が助力を申し出た。霊媒師の見立てによれば、蔵に収められた蒐集品の中に、とりわけ力の強い呪術品があり、そのせいで呼び寄せられた穢《けが》れのようなモノが、次々と地面から湧き出ているという。

ただ、土中深く埋もれた物を、今さら掘り起こすことは出来ない。元から断てないのであれば、悪い力を抑え、土地に集まる穢れを祓《はら》う存在が必要になる。当主の息子は、霊媒師の勧めに従い、屋敷の真ん中に地下室を作り、その中へ祭壇を納めた。

さらに、霊媒師によれば、祭壇には、常に祈りを捧げ、悪しきモノを抑え、穢れを祓い続ける〝守り人〟が必要であるという。とはいえ、生きた人間を、祭壇のある地下室へ四六時中幽閉するわけにはいかない。その代わり、親類縁者の中で亡くなった若い魂を捧げ、土中のモノから守る祖霊として、祭壇へ祀るように言われた。

魂を捧げるとはいっても、生きた人間を生贄《いけにえ》にするわけではない。不幸にも若くして逝《い》った者が出ると、その骨壺を地下の祭壇へ納めて、祖霊として祀るのだ。

ただ、天寿を全うした年寄りの骨壺を祀っても効果は薄い。本来であれば死から遠い場所に居たはずの若者の骨壺を祀ると、長期間にわたり祭壇を守り、その力で悪しきモノを遠ざけ、穢れを追い払ってくれる。

そんな話を霊媒師から伝えられたものの、当主の息子も、家人たちも、当初の内は半信半疑であった。骨壺を墓へ納めず、地下室へ祀るというのも、あまりに不敬で気が進まない。ところがいざ試してみると、その効果は絶大だったようで、それまでの不幸が嘘のようにぴたりと止んだそうである。

以来、この家では若くして亡くなった者は地下の祭壇へ祀られ、彼らは蔵守りと呼ばれるようになった。

祀られる骨壺は常に一つで、たとえ何人若者が亡くなっても複数祀ることはなかった。

明確な理由は伝えられていないが、この家の人間たちは、神とはそういうものだ、と勝手に納得してきた様子である。

骨壺はおよそ十年周期で差し替えられ、次の人間の骨壺に代わると、それまで祀られてきた者の魂は、祭壇から解放されて、成仏するといわれている。そうやって、代々、祭壇は蔵守りと共に守られ続けてきた。

ところが、戦争を機に事業が失敗、財を失って家は没落し、かつての栄華は失われてしまった。やがて暮らせなくなった者が土地を捨てて都会へと出て行くと、親類縁者は散り散りになり、瞬く間にこの土地で暮らす者たちは少なくなっていった。

和則さんの祖父母の代になると、身近に暮らす親族はもはや数えるほどしかおらず、世の中が豊かで平和になるにつれ、若くして逝く者もほとんどいなくなった。

そのため、蔵守りは、二十五年前に亡くなった『志乃《しの》さん』という女性が最後で、志乃さんの骨壺は、地下の祭壇で今も延々と祀られ続けている。

ただ、長時間祀られた蔵守りは、次第に抑える力が衰えてしまう。そうすると、土の下からは良くないモノが溢れ出て、放っておくと穢れはどんどん広がってしまう。そうした時は、呼子を叩いて蔵守りを呼び出し、その力を使って穢れを祓うのだという。

「ここ五、六年は、すっかり志乃さんの力も弱まってなあ。仕方ないから、毎晩呼び出しては、溢れた穢れを祓っているわけよ。ばあちゃんも亡くなる前は、この先どうなるかずいぶん心配してたけど、こうして和則くんが来てくれたから、儀式も続けられるし、俺もしばらくは安心できるよ」

叔父さんはそう言って、にっこりと笑った。

あまりの話に考えがまるで追い付かない和則さんだったが、枕元に立つ人影の正体は、恐らくこの志乃さんという女性であろうことはわかった。

改めて志乃さんのことを聞いてみると、叔父さんは彼女のことをよく知っていたようで、「優しくて、綺麗で、素敵な人だった」と、懐かしそうに目を細めた。

地元では評判の美人だったが、二十歳を迎える前に、山道で足を滑らせ、崖から落ちるという不幸な事故で亡くなった。というものの、一緒に山へ入る男の姿があった、現場には争った跡が残っていたなど、真偽のほどは定かではない憶測が飛び交い、当時は単なる事故ではないと、皆に噂されていたという。

ここまで聞いて、和則さんは、次第に気分が悪くなってきた。

すべての話が本当だとしたら、今この家では、不遇の死を遂げた女性の魂を、暗く湿った地下室へ二十五年もの間閉じ込めていることになる。しかも、土の下からは良くないモノが溢れているし、毎晩呼び出しては、その相手をさせているわけだ。

叔父さんは当たり前のように話しているが、この家で起きている出来事すべてが、陰惨で、おぞましいもののように思えてきた。


話をひとしきり聞き終えた和則さんは、叔父さんを帰すと、まずは自分の目で、その地下室を確かめてみることにした。

いつも寝ている場所の畳を剥《は》がすと、四角く区切られた木の板がある。さらにその板を外すとわずかな窪みがあり、そこに両開きの鉄扉が収まっていた。

扉を開けると、階段とその先に広がる地下室が見える。

和則さんは、すべてを記録に残そうと考えて、仕事で使っている撮影用のビデオカメラを担ぎ、内蔵の強力なライトで照らしながら、ゆっくりと地下へ続く階段を下りた。

地下室は、八畳程度の広さで、壁は石造り、床には板が張られている。換気のための空気穴があるうえ、祖母が定期的に掃除をしていたのだろう、少し埃っぽいだけで、中は想像以上に綺麗だった。

見渡すと、奥に小さな祭壇があった。見たことのない形をしており、宗教的なデザインであるのはわかるが、和則さんの知識では、これが神道なのか仏教なのかもわからなかった。祭壇は思っていたよりも小さく、家庭用の仏壇程度のサイズである。

そして祭壇の前には、倒れないように木枠で固定された骨壺が置かれていた。これが志乃さんの骨壺だろう。

二十五年間、この暗い地下室に幽閉されるのは、いったいどんな気持ちなのか。彼女が解放され成仏出来るのは、次の蔵守り、つまり新しい骨壺と入れ替わる時しかない。

そう思った時、昨夜の言葉が頭をよぎった。

──あなたが、次の蔵守りさん?

考えてみれば、自分はまだ二十代。今死んだら、若くして逝った一族である。

毎晩枕元に立っている志乃さんは、早く入れ替われ、と言っているのか……?

そう考えると途端に怖くなり、一旦地下室を出ようとして、ビデオカメラを止め、階段のほうへ引き返そうとした時、開け放した鉄扉の出入口から、先ほど帰ったはずの叔父さんが、ひょいと顔を覗かせた。

「こんな所に居ると、次の蔵守りさんになっちゃうぞぉ。なっちゃうぞぉ」

変に間延びした声で笑いながらそう言うと、和則さんが止める間もなく、出入り口の鉄扉をガシャリと閉めてしまった。

「叔父さん何するんですか！　ちょっと、開けて！　開けてください！」

叫びながら鉄扉を叩き、何度か強く押したものの、固く閉じられてびくともしない。外からは、「おーい、だいじょうぶかぁ」という叔父さんの声が何度か聞こえた後、そのまま立ち去って行く足音がした。

まずいことになった。叔父さんに、地下室へ閉じ込められた。

携帯電話は上にあり、助けを呼ぶ方法はない。叫んでも誰にも聞こえないし、すぐに心配してくれる人もいない。異変を感じた誰かが様子を見に来る頃には、脱水や飢えでとうに衰弱死しているだろう。

こみ上げる不安を抑え、叔父さんにされたことを録画しておこうと考えた。

再びビデオカメラの電源を入れ、内蔵のライトを点けると、明かりの先には、照らされた祭壇が暗闇に浮かび上がった。

もちろん、そこには誰の姿もない。

それなのに、ビデオカメラの液晶画面には、祭壇の前に座る着物姿の女が映っていた。

驚いて祭壇を見ても、やはりそこには誰も居ない。でも、画面の中では、着物姿の女がこちらに背中を向けたまま、祭壇へ向かって熱心に祈りを捧げている。

女はしばらく祈った後、姿勢をスッと正して、その動きをぴたりと止めた。

そして、後ろ向きに座った姿勢のまま、祭壇からこちらへ向かって、女は少しずつ滑るように近づいて来た。

思わず叫ぼうとしたが、あまりの恐怖に、ヒイッ……という息の詰まる音しか出ない。

画面の中では、女の背中がどんどんと大きくなってくる。

すぐ目の前まで来た時、触っていないのに、ビデオカメラの電源がプツンと切れた。

辺りが暗闇に包まれ、そこから先、和則さんには一切の記憶がない。


気付いた時は、警察と救急隊員に救出された後だった。

後から聞かされたところによると、閂《かんぬき》のかかった鉄扉ごと床から外す必要があり、結構な救出劇になったそうである。

警察には、起きたことをそのまま話した。叔父さんに閉じ込められたこと。暗闇の中で女を見たこと。記録の残っているビデオカメラも警察に渡した。

簡単な事情聴取の後、異常がないか病院で検査を受けることになり、和則さんはそのまま一泊入院することになった。

叔父さんは、まるで何事もなかったかのように病室へ見舞いにやって来た。

大丈夫だったか、などと白々しく心配の言葉をかけた後、顔をずいっと寄せてくると、

「どうだい、蔵守りさんになる覚悟はできたか？」と笑顔で聞いてきた。

このままだと、必ず叔父さんに殺される。そして、次の蔵守りさんにされる。

そう思った和則さんは、もうこの土地には住みたくない、そして、屋敷は手放して叔父さんに譲るつもりだ、と伝えた。

すると叔父さんは満足そうな表情になって、「しょうがないなあ、では僕があの屋敷を引き受けるよ。和則くんも、最初からそうしておけば良かったのに」とにっこり笑った。

後日、警察からさらに詳しい事情聴取を受けたが、叔父さんに殺されかけた、という

主張は信じてもらえず、女を見た話に至っては、まともに取り合ってもらえなかった。地下室に入った際、運悪く扉が閉まり、暗闇で和則さんがパニックを起こした、と警察は結論づけたが、和則さんも本件をさっさと終わらせて、一刻も早くこの土地を離れたかったので、特に反論はせず、そのまま事故として処理された。

和則さんは早々に引っ越しを済ませ、再び都会の生活に戻った。

提出したビデオカメラは、警察へ転居先を伝えていなかったため、一旦叔父さんの元へ返却されたが、もう触る気にもなれず、そのまま叔父さんに処分してもらった。

屋敷を譲った後も、叔父さんは時々連絡を寄越すが、和則さんはなるべく相手をしないようにしている。

出来ることなら、叔父さんとは、早く音信不通になってしまいたい。

そうしないと、もし運悪く早死にした時、唯一の肉親である叔父さんが、自分の骨壺をあの暗い地下の祭壇に納めてしまいそうで、怖くて仕方ないからだ。

もちろん、例の屋敷には、二度と足を踏み入れるつもりはないという。

和則さんから聞いた話は、これで終わりだ。

ここから先は、彼の叔父さんに聞いた話である。

物凄い話を聞かされた私は、俄然《がぜん》、その叔父さんにも話を聞いてみたくなり、和則さんに頼みこんで、叔父さんの電話番号を教えてもらった。

いざ連絡をする時は、さすがに緊張した。いったいどうやって切り出したものか。

電話に出たのは、穏やかそうな声の男性だった。

和則さんからの紹介であること、非常に特殊な謂《いわ》れのある屋敷の話を聞いたこと、自分はそうした話を収集して、語ったり書いたりしていることを伝えると、

「ああ、蔵守りさんの話ね。和則くんの知り合いなら構わないよ」と、拍子抜けするほどあっさりと快諾いただき、後日改めて話を聞かせてもらうことになった。

約束の日に再び電話をすると、どうやら和則さんに一度確認の連絡を入れたようで、

「彼から話を聞いたんでしょ？　全部話すと大変だから、どこまで聞いたのか、何を聞きたいのか、まずは君から教えてくれる？」と言われた。

蔵守りの儀やその伝承、実際にある地下室と祭壇、地下室に閉じ込められた事件について、叔父さんの機嫌を損ねない範囲で、和則さんに聞いた話をそのまま伝えると、

「なるほどね、いや、だいたいその通りですよ。僕から補足することもあまりない。どうせあなたが聞きたいのは、和則が閉じ込められた時の話でしょう？」

と、彼のほうから単刀直入に聞いてきた。


どうせ和則くんは、僕が閉じ込めて殺そうとした、次の蔵守りさんにしようとした、そんな話をしてるんでしょう？　でも、それは完全な誤解ですよ。

本当に僕が閂をかけて閉じ込めたなら、事故なんかでは済みません。警察はそこまでいい加減じゃない。それに、警察に連絡して、救助を頼んだのは僕なんですよ。

どうして僕が疑われなかったか、わかりますか？

地下室の扉の閂は、外ではなく、内側にしかないんです。

人を閉じ込めるために作った部屋じゃない。外側に閂なんて付けてません。

祭壇に籠る時、外から勝手に人が入らないよう、内側に閂が付いているんです。

あの日僕は、一度は自宅に帰ったものの、どうにも和則くんが気になって、様子を見に屋敷へ戻ったんです。そうしたら案の定、畳をはがして地下室に入っていた。

あそこは神聖な場所です。彼の家だから、入るなとは言いませんが、畏敬の念を持たない人間が気軽に立ち入る場所じゃない。

だから、気を付けるように注意したら、和則くんは何も言わずに扉を閉めて、閂までかけてしまった。外から何度も呼びかけたんですが、まったく返事をしないので、仕方なく一旦帰りました。

とはいっても、心配です。五、六時間後に様子を見に行ったら、まだ出て来ていないし、物音ひとつ聴こえてこない。もし中で倒れていたら大変だと思い、警察に連絡しました。到着した警官がいくら呼びかけても、やはり中からは返事も物音もしないので、これは本格的にまずいということになって、扉を壊して救出したんです。

和則くんは、暗闇の中でぼんやりと座り込んでました。意識はありましたが、様子が普通ではないので、急いで外に運び出した。ところが、地下室から出たら途端に意識がはっきりして、僕に閉じ込められたなんて言い出した。

僕と和則くんはすぐに事情聴取を受けましたが、扉の閂は内側にしかないので、僕が疑われることはありませんでした。

それと、彼が警察に提出したビデオカメラの映像ですが、もちろん着物姿の女はどこにもいなくて、代わりに和則くん自身が映ってたんです。

自分で扉を閉じた後、祭壇の方へ向けてビデオカメラを設置すると、そのまま彼は祭壇の前に座って、ずっと手を合わせて祈ってました。

しばらく祭壇で祈ったら、今度はライトを消すと、突然悲鳴を上げはじめたんです。真っ暗なので何も映っていませんが、和則くんの悲鳴だけは延々と録音されていて、僕も一度だけ観ましたが、本当に気味の悪い映像でしたよ。やがて悲鳴が止まると、後は救助されるまで、ずっと暗闇が映っているだけでした。

とにかく、そんな映像を観た警察としては、暗闇でパニックになり、一時的な心神喪《しんしんそう》失《しっ》になったと言うしかない。

僕や警察からすれば、和則くんが真剣な顔で、閉じ込められて殺されそうになったとか、暗闇で女を見たとか言い張り続けるので、その様子がとにかく不気味でしたね。和則くんには、本当のことを何度か説明してあげたのに、未だにそんなこと言ってるなんて、彼は大丈夫なのかなあ。

まさか、和則さんが自分で扉を閉めたとは――。

驚く話を聞かされたが、だからといって、叔父さんに悪意がなかったはずがない。

あの屋敷を去った後、和則さんは「あることを思い出した」と私に言った。

「和則さんは、小さい頃、おばあちゃんの家に行った時のことを思い出したそうです。おそらくすでに志乃さんの力が弱くなっていたんでしょう。今のように毎晩ではないにせよ、すでに蔵守りの儀を行った晩があったようです。

夜遅くに、おばあちゃんが何かを叩きながら歩いているので、好奇心で後を付いて行ったそうです。和則さんの姿に気付いたおばあちゃんも、儀式の最中だったからでしょう、咎《とが》めることはしなかった。

ただ、最後に中央の部屋の入口、三重丸の描かれた襖の前に来た時には、強く言われたそうです。『朝まで、絶対にこの部屋に入っちゃ駄目だぞ』と。

そして、儀式を終えたおばあちゃんも、その部屋に入ることはしなかった。

つまり、本当は『蔵守りさん、蔵守りさん、お帰りください』と三回唱えたところで儀式は終わって、あの部屋は、儀式の後、『朝まで入ってはいけない場所』なんです。

それを知っているのに、どうして嘘をついて、あの部屋で毎晩眠るように言ったんですか。和則さんを次の蔵守りさんにしたかったから、ではないんですか？」

私がそう尋ねると、「あはは、なんだバレてたのか」と、叔父さんは悪びれもせず、軽い調子で笑って言った。


正直に言いますよ、確かに僕は嘘をついて、和則くんに嫌がらせをしました。

理由は簡単です。彼を怖がらせて、早く出て行ってもらおうと思った。

ばあちゃんが亡くなった時、やっとあの家が自分の物になると思って大喜びしたのに、和則くんが相続して、田舎暮らしをすると言い出したのには参りました。

だから、蔵守りの儀の最後に、嘘の部分を付け足した。

本来、『お帰りください』と襖の前で送り帰すと、蔵守りさんは、部屋の中をしばらく歩き回った後、いつもの地下室へ戻って行くんです。

でも、鉄扉の上に布団を敷いて蔵守りさんが戻るのを邪魔したら、和則くんは絶対に怖い目に遭うだろうと思って、わざと嘘をついたんです。

実際、彼はすっかり怖くなって出て行ったでしょう？　僕はそれで満足しています。

だから、和則くんを次の蔵守りさんにしたいというのは、本当に大きな誤解ですよ。

だって、彼が蔵守りさんになったら、今の蔵守りさんの志乃さん、入れ替わりに成仏しちゃうじゃないですか。

僕はね、あの家で、大好きな大好きな志乃さんと、ずーっと一緒に暮らすのが、昔からの夢だったんです。


叔父さんはそう話すと、嬉しそうに、ふふふ、と笑った。

私は、和則さんから、叔父さんはずっと独身だった、と聞いていたことを思い出し、「もしかして、志乃さんは、あなたの恋人だったんですか？」と訊いてみた。

「まさか。あんな綺麗で素敵な人、僕なんかじゃ釣り合いません。でも、大好きだったのは本当ですよ。それこそ、ずっと僕のモノにしたくなるくらいに」

そういえば、志乃さんは、単なる事故ではなく、誰かに崖から落とされた可能性もあると、地元では噂になっていた。

志乃さんのことを、たとえ殺してもいい、永遠に自分のモノにしたいと考える男が、彼女の魂を永久に地下室に閉じ込めよう、そう思いついたとしたら――。

そんな考えが頭をよぎると、電話口の向こうで穏やかに笑う叔父さんのことが、酷く恐ろしい人間に思えてしまった。

最後に、屋敷と地下室を見せてもらえないか頼んでみたが、この家にはもう、誰一人立ち入らせるつもりはありません、と断られてしまった。

井戸の蓋

怪談蒐集をしている、影絵草子《かげえぞうし》さんから聞いた話。

幼い頃の友美《ともみ》さんは、父親の仕事に転勤が多く、何度も引っ越しを繰り返していた。ある時、急に父親が中古の一軒家を購入した。

今から思えば、父親はすぐに転勤することをわかっていながら、なぜ家を購入するつもりになったのかはわからない。ただ、当時の友美さんとしては、これで腰を落ち着けた暮らしが出来ると期待を寄せたのだが、残念なことに、わずか半年程度で再び父親の転勤が決まってしまった。

引っ越しの前日、家族で荷物をまとめ、あとは明日を待つばかりという時になって、「実はこの家な、父さんが頑張って、不動産屋から安く買ったんだぞ」と、今さら聞かされても……という話を、父親が得意気に語りはじめた。

多少の古さは目立ったが、住みにくさはさほど感じることもなく、庭があって広々としている。新居に愛着が湧いてきたところだったので、それを聞いた友美さんは、ますます残念な気持ちになってしまった。

不動産屋から安く買い叩いた話を楽しげに語っていた父親だが、突然、「あっ！」と大声をあげると、

「そうだ、大切なことを忘れていた。おい、友美、換気しなくちゃいけないから、裏庭にある井戸の蓋《ふた》を外してきなさい」

と、命令口調で言い放った。

とうに日は暮れて、外は夜。敷地内とはいえ、真っ暗な裏庭へ一人で出るのは怖い。お姉ちゃんがいるのに、なぜ妹の自分が行かされるのだろう、という不満もある。

ただ父親は、明らかに自分に対して「やりなさい」と命じている。経験上、こういう時の父親には、無駄に逆らわないほうがいい。

友美さんは嫌々ながらも「はーい」と返事をすると、懐中電灯を握り締めて、すでに真っ暗な夜の裏庭へと、井戸の蓋を開けに行くことにした。

広い裏庭の奥には、ぽつんと井戸があった。普段裏庭へ来ない友美さんにとっては、「こんな所に井戸があったんだ……」と、今さらながら新鮮な気分すら感じる。

友美さんは、懐中電灯を脇に置くと、暗闇の中、井戸のシルエットへ手を伸ばす。

蓋らしきものに指をかけると、苔《こけ》でも生えているのか、ヌメッとした手触りがした。

しかも、鼻をつく嫌な匂いが立ち上ってくる。

かつて嗅いだことのある、どぶ川のような、濁った腐臭。

気持ち悪くて仕方ないので、少しでも早く蓋を外そうと力を込めてみるのだが、まるで密閉されているかのように、蓋はぴくりとも動かない。

自分の力ではとても無理だと諦め、いったん家へ戻ろうと踵《きびす》を返したのだが、父親の顔が思い浮かび、このまま蓋を開けずに戻ると、きっと激しく怒られるような気がして、何か道具になる物はないかと、懐中電灯で必死に裏庭を探した。

しばらく探すと、手頃な大きさの木板と石を見つけたので、これなら蓋を梃子《てこ》のように動かせると考え、小脇に抱えると、もう一度井戸のところへ戻ってきた。

周囲をぐるりと見回してみるが、懐中電灯がなければ、真っ暗で右も左もわからない。

しかも気のせいか、先ほどより闇が濃く感じられる。

懐中電灯を足元へ置いて、蓋へ手をかけようとした時、ふっと違和感を覚えた。

あれ？　蓋の形が、変わっている。

奇妙さを感じたが、気にしていては作業が終わらない。石に載せた木の板で、梃子の力を利用しながら、ぐっと力任せに蓋を動かした。

すると、先ほどまではあんなに重かった蓋が、いとも簡単にズズッと動いた。

井戸から外れた蓋は、地面へ転げ落ちると、びしゃっ、という妙に湿った音を立てた。

不審に思った友美さんは、懐中電灯を拾って地面に落ちた蓋を照らす。

途端――息を呑んだまま、身動きができなくなった。

先ほどまで確かに木の蓋だったはずのモノが、女性の腐乱した死体に変わっている。

井戸の脇で仰向けに倒れた女性の死体には、何匹もの蠅《はえ》がブンブンと唸りを立てて飛び回っている。目玉は落ち窪み、元の顔もわからないほど傷んだ様子が見てとれる。

友美さんにとって、紫色に膨れた遺体は、最初、物言わぬただの肉塊《にくかい》に見えた。

やがて、次第に湧き上がる恐怖と共に、不思議と「かわいそう」という憐《あわ》れみの感情も胸に渦巻いたそうである。

その瞬間、腐臭とは異なる懐かしい匂いがふわっと立ち昇った。

そして、「あっ！　これは死んじゃったお母さんの香りだ」と直感したという。

我に返った友美さんは転げるように家へ戻ると、父親と姉へ今見た出来事を伝えた。

父親は厳しい表情で聞いていたが、「では、みんなで一緒に確かめよう」ということになり、家族三人で再び井戸を見に行くことにした。友美さんは父親と姉の後ろで隠れるように付いて行ったが、そこに死体はなく、井戸の蓋も閉まったままだった。

父親には「怖いから、嘘をついたのだろう」ときつく叱られたが、その時、友美さんの目の端には、井戸の側でまだ飛び回っている数匹の蠅が見えたという。ただ、あたり一面に立ちこめていた腐臭は、嘘のように消えていた。


死体も、臭いも、確かに見て触って感じたので、決して幻覚や見間違いではない。

そのことだけは、大人になった今も断言できると、友美さんは語ったそうである。

引っ越しの後しばらくして、姉からこっそりとある話を聞かされた。

あの家は、父親が安く購入した家なのだが、その際に不動産屋が提示してきた条件は、

「何があっても絶対に住み続けてくれること」だったらしい。

それなのに約束を守らず、友美さんの家族がすぐに引っ越してしまったせいか、その後間もなく、不動産屋は自殺して亡くなってしまったという。

以前の住人は高齢の男性の独り暮らしで、同居する女性は誰もいなかった。そして、過去に何らか事件が起きたという話もまた、家の近所では一度も聞かなかった。

そう姉から聞かされたこと以外、今に至るまで何もわからないままである。

こんな話を、影絵草子さんは友美さんから聞いたという。


何が起きたのかは、もう確かめるすべはない。

ただ、父親は、あの家に「何かある」ことをよくわかっていたのではないか。

そして、購入するだけの「目的」もまた、明確にあったはずである。

そうでなければ、転勤ばかりの生活の中、不動産屋が〝いわく付き〟を匂わせる一軒家をわざわざ購入する理由などないだろう。

そして、引っ越す際に、井戸の蓋を「閉める」のならともかく、「開けていく」というのも聞いたことがない。

父親は「換気する」と言っていたが、実際は、何か良くないモノが中にあるとわかっていながら、友美さんを夜遅くに一人で行かせたのではないか。そして、亡くなった母親は、友美さんを守るために、井戸の蓋を開けさせないようにしたのではないか——。

私はこの話を聞いたとき、思わずそう考えてしまった。

気になったことが幾つかあるので、後日、影絵草子さんへ確認をとった。

すると予想通り、友美さんは父親や姉と血が繋《つな》がっていなかった。友美さんは再婚した母親の連れ子で、つまり父親は義父にあたる。姉のほうは、前妻との間に出来た父親の実の娘であった。

そして例の家に住む前にはもう、再婚した友美さんの母親は亡くなっていたという。なお、閉まったままの井戸の蓋は、父親はなぜか自分の手で開けることはせず、放置したまま、翌日引っ越したそうである。

何ひとつわからない。でも、厭《いや》な気持にはさせられる。そんな話である。

落とされ坂

「怪談好きの君なら、旦那の故郷にある〝落とされ坂〟って、知ってる？」

そう聞いてきたのは、元職場の同僚だった享子《きょうこ》さん。

もちろん知る由もなく、久しぶりに再会した宴席で、不思議な話を聞かせてくれた。


享子さんは、とても優秀な営業マンで、男勝りなうえに気が強い。何事にも熱心で誠実な人柄であり、同僚からの信頼も厚い。運動神経が抜群で、休日にはテニスやバレーボールで汗を流す。平日はグレーのスーツ、休日はTシャツにジーンズという飾らないファッションだが、スタイルの良い美人なので、何を着ても様になる。

こんな享子さんに委縮してしまう男性が多かったようで、とても素敵な人なのに、残念ながら、長らく恋愛には縁遠かった。

ようやく出来た恋人と結婚したのは、三十代後半になってからのことである。

旦那さんの故郷は、相当な山奥にあり、彼のように都会へ出た人間を除いては、血縁の大半が農業か林業に従事している土地である。

ある時、親族の行事があり、旦那さんと一緒に帰省したのだが、一族揃っての大宴会が開かれ、会場には五十人以上の親族が集まった。やれ本家の何がし、やれ分家の誰々と紹介され、都会育ちの享子さんはすっかり面食らってしまった。

立て続けに二、三十人紹介されると、さすがの享子さんもすっかり人疲れをしてしまい、「向こうで休んでおいで」という旦那さんの気遣いに促され、宴会場の隅でひと息つくことにした。

「おねえさんっ！　ご一緒してもいいですか？」

そう声をかけられて振り向くと、年の頃は二十代前半、赤い服を着た黒髪の可愛らしい女の子が立っている。

女の子は、東京の美術大学へ通う大学生で、久しぶりに帰省したのだが、そもそも田舎が嫌で東京に出たので、親族の宴会にもうんざりしていた。だから、同じ東京から来た新しいお嫁さんがいると聞いて、嬉しくなって話しかけた、と説明した。

東京暮らしの女同士、年は離れていても気が合って楽しく話が弾んでいたが、ふと女の子が、「こんな田舎、名産品すらなくて、有名なのは〝落とされ坂〟の怪談だけなんて、本当にうんざりですよねぇ」と言った。

享子さんが「なにそれ？」と聞くと、女の子は「えっ、知らないんですか」と意外そうな顔をした。

聞けば、地元では知らない人がいない、有名な話だという。

旦那さんには教えてもらっていないので、享子さんは何だか「よそ者だから」と仲間外れにされた気分になり、本当は怖い話など何の興味もないのに、つい「教えて」と女の子に頼んでしまった。


〝落とされ坂〟と呼ばれる場所は、近くにある小さな山を抜ける登山道のことで、小一時間で上り下り出来ることから、山のこちら側と向こう側をつなぐ近道として、昔から地元ではよく利用されてきたそうである。

ところがある時から、「あそこには化け物が出る」「恐ろしいモノに坂から落とされる」という噂《うわさ》が立つようになった。

もともと人が一人通れるくらいの細い山道で、舗装《ほそう》されているわけでもない。小さな山なのだが、急傾斜の坂道が多く、山道の脇は大半が崖《がけ》である。これまでにも、足を滑らせて怪我をする人が、何年かに一人は必ず出ていた。

ところが、ここ数年、山道を踏み外し、脇の崖へ転がり落ちる人が急増した。

しかも怪我人は、決まって「恐ろしいモノに出遭い、足を滑らせた」と話す。

ただ、その「恐ろしいモノ」というのが人それぞれで、あれは鬼だった、熊のように大きかった、いや女の幽霊だった、不気味な老人だった、子どもの姿をしていた……などと、怪異の姿が定まらない。

どうやら体験する人によって、出逢うモノがまるで違ってくるらしいのだ。

享子さんは、オカルトや幽霊の類は一切信じない。

「全員違っていることが、そもそも作り話の証拠じゃない?」と笑ってしまった。

すると女の子は、「そんなことないです！　友達も怖い目に遭いました！」と、友人の体験談を聞かせてくれた。

これは、友達の女の子が体験した話ね。

怖いモノに遭う噂は知っていたけど、その日は親戚の家に急ぐ用事があったから、例の山道を通ってしまったの。

冬だから日暮れが早くて、山に入るとすぐに西日が射してきた。

嫌だなあ、怖いなあ、と不安になりながら、早足で登っていると、少し先にリュックを背負った男の人が見えてきて、ああよかった、人がいた、とホッとした。

安心して、しばらくはのんびり後ろを歩いていたんだけど、どうせなら追いついて、一緒に話しながら歩こうと思った。たぶん、まだ少し怖かったんでしょうね。

ところが、追いつこうと思って足を速めるのに、なぜかちっとも距離が縮まらない。思わず小走りになったけど、やっぱり追いつけないし、男は走る様子もないのに、まるで滑るように進んで行く。

怖くなって歩調を緩めたら、今度は男の人もゆっくりになった。

そのまま二人の距離はまったく変わらず、前を行く背中だけが同じように見える。

もう後ろを歩くのはやめよう、と思って足を止めたら、男もその場でピタっと歩くのをやめる。

えっ、どういうこと……と思いながら男を見ているうちに、彼女は突然、あっ、これはよくないものだ、と気が付いた。

男には、影がなかった。

西日が強く射して、彼女の足元には影が長く伸びているのに、男の足元にはどこにも影が見当たらない。

ああ、もう駄目だ、とにかく引き返そうと思って後ろを振り返ったら、なんと、そこにはまったく同じ格好で、同じリュックを背負った男が、背中を向けて立っている。

やっぱり同じくらい離れた場所に立って、じっと立ったまま動かない。

先にも進めないし、引き返すことも出来ない。

細い山道で、後ろを向いた男に前後を挟まれて、彼女は恐ろしさのあまりどうしていいかわからなくなった。

でも、本当に怖いのはそこからだった。

男たちが、突然、後ろを向いた姿勢のまま、彼女のほうへ歩きはじめた。

ザク、ザク、ザク、と大きな足音を鳴らしながら、後ろ向きで近づいてくる。

彼女は恐怖で動けないまま、助けて、嫌だ、と震えていたけれど、リュックを背負った男の背中は、どんどん大きくなってくる。

男たちは、もうあと一歩、という距離まで来た時、彼女を挟んでピタリと止まった。

アレ？　と思った瞬間、今度は二人揃《そろ》って、ゆっくりこちらを向きはじめた。

こちらを向かれたら恐ろしいことが起こる、そうなったら本当にお終いだ、そう強く感じて、彼女は山道から脇へと飛び降りた。

ほとんど崖のような急坂を、文字通り転がり落ちるようにして下山した。

全身に擦り傷や痣《あざ》が出来て、指を骨折までしたけれど、あのまま逃げなければ、どうなったかと思うと、怪我で済んで良かった、と彼女は話していた。

どう？　おねえさん。こんな話がたくさんあるんだよ。


女の子は得意気に話し終えたが、享子さんにはありふれた怪談にしか聞こえなかった。

「友達が怪我の言い訳をしてるだけだよ」と享子さんが笑うと、女の子はむっとして「本当の話です！」と言い張り、そんなことあり得ない、いいえ本当にあります、と何度かやり合ううちに、では実際に現地へ行ってみようという流れになった。

享子さんは、「ちょっと近くを散歩してくる」と旦那さんに断って自転車を借りると、女の子と連れ立って噂の山へ向かった。十五分ほど自転車で進むと、目の前に小高い山の入口が見えてきた。

入口には、「山道危険！　立入禁止！」とペンキで書かれた看板が立っており、木々の合間からはひんやり湿った風が吹いてくる。確かに、なんともいえない雰囲気がある。

早速山へ入ろうとすると、女の子が「この先は駄目です！」と慌てて引き留めてきた。

「入口だけじゃ何もわからないよ、行こう」と享子さんが誘っても、「無理です、これ以上先に行っちゃ駄目です」と女の子は本気で嫌がる。

現地まで来てメソメソする態度に苛立った享子さんは、「もういい、あなたはそこで待っていて」と、女の子を入口へ残していくことにした。

そんな享子さんに、「どうしても行くなら、〝上り〟は本当に気をつけてください。みんな上り道で怪我をするから。早めに戻ってくださいね」と、女の子は心配顔で言う。

女の子の怯《おび》える姿に半ば呆《あき》れながら、はいはい、と適当に相槌《あいづち》を打ち、享子さんは山道を登りはじめた。

話に聞いていた通り、人が並んで歩けないほど細い山道で、通る人が少ないせいか、下草も生えて足場が悪い。しかも急な坂道である。これではちょっとした不注意で足も滑らせそうだ。道の横は崖のように切り立った場所が多く、所々には木の柵も設けられているのだが、それもせいぜい膝丈で、よく人が落ちるというのも十分に頷《うなず》ける。

なるほど、これは暗くなってから歩くのは危険な場所だ。もう夕暮れだから、ある程度登ったら引き返そう、そう思いながら歩いて行くと、崖側の木々が開けて、景色が一望できる場所へ出た。

遠くまで田園風景が広がり、一面の緑に夕陽が射して美しい。

下を見ると、ちょうど先ほどの入口があり、こちらを見上げる女の子の姿もあった。

「おーい」と手を振ると、「だいじょうぶですかぁ」と女の子も手を振り返す。

そして、「そろそろ戻るねー！」と享子さんが呼びかけた時。

「あぶない、気をつけてーっ！」と、女の子が突然大声で叫んだ。

それと同時に、上のほうから、ザクザクザク、と駆け下りてくる足音が聞こえた。

何事かと驚いて道の先を見ると、「あんた、何やってんの！」と叫びながら、髪の毛を振り乱した中年女性が、鬼の形相で走って来る。

さすがに仰天した享子さん、思わず後ずさりした途端、つい足を滑らせてしまった。

あわや転倒、というところで柵にしがみついたが、すっかり腰が抜けてその場にへたり込んでしまった。

下からは、「おねえさん逃げてーっ！」という女の子の声が響くが、足に力が入らず、立ち上がることも出来ない。

やがて目の前に迫った女性が、享子さんの両肩をがしっと掴んだ。

思わず、恐怖に目を閉じる。

ところが、「こんな所で何してるの?」という女性の口調には、怒りだけでなく、心配をする雰囲気も感じられた。

恐るおそる目を開くと、中年女性が自分のことを不安そうに覗《のぞ》き込んでいる。

そして、女性は「この山の持ち主だ」と名乗った。

「怪我人が後を断たないから立入禁止にしているのに、どうして勝手に入って来るの? 仕方ないから、時々こうやって見回っているのよ!」と厳しい口調で怒られた。

享子さんは、「すみません、入ってはいけないと、わかっていたんですが……」と頭を下げ、地元では噂の場所なので、つい興味があって登ってしまった、と素直に謝った。

女性は、「落ちて怪我をする人が、本当にたくさんいるから気をつけてほしい」と言った後、「噂は本当よ。ここには恐ろしいモノが出る。だから、すぐ帰りなさい」と真剣な表情で言ってきた。

まさか、山の持ち主にまで、噂は本当だ、と言われるとは思わなかった。

享子さんが返答に戸惑っていると、女性は、「あれは、あんたの連れ？」と山の入口を指差しつつ、険《けわ》しい顔で訊いてきた。

下へ目をやると、遠目にもわかるほど、ガクガクと女の子の全身が揺れている。しばらく見て、それが揺れているのではないことがわかった。

笑っているのだ。それも、全身が震えるほど。

やがて、ぎゃはははは、ぐはははは、げらげらげら、と大きな笑いに変わると、「おねえさーん、まっててくださぁい、いまからそっちへいきまーす」と大声をあげた。

そして、先ほどまで怖がっていたのが嘘のように、ザザッ、と山道へ駆け入った。下からは、ザクザクザク、と女の子が駆け上がってくる足音が遠くから聞こえてくる。

横に立つ女性は、「あんた、いったい何を連れて来たの？　あれは凄く良くないモノよ」と享子さんを睨《にら》んだかと思うと、途端にくるりと背を向けて、「悪いけど、逃げるから」と言うや否や、一気に山道を駆け上がっていった。

ここで置いていかれては堪《たま》らない。

享子さんは「待ってください！」と必死に後を追ったが、女性は「待たないよ」と振り向きもせず、「あんたが連れて来たモノなんだから」と言い残して、山道とは思えない速度で駆けていく。

女性とはぐれては大変なことになると思い、時折、足場の悪い山道に躓《つまず》きながらも、享子さんは必死になって女性の背中を追い続けた。

後ろからは、「おねえさーん、まってくださぁーい、いまいきますよぉ」と言いながら、げらげら笑う声が聞こえてくる。

怖くて振り向くことは出来ないが、声と足音は少しずつ大きくなっており、もうすぐ追いつかれてしまいそうで、とても生きた心地がしない。

しばらくすると、道が平坦になった。そして見晴らしの良い場所を抜けると、今度は山道が下り坂へと変わっていく。どうやら、頂上を越えたようだ。

すると女性は歩調を緩め、はぁはぁと肩で息をしながら、

「もう大丈夫。この山では、恐ろしいモノは上り道に出るから」と振り向いた。

女性の安堵《あんど》した表情に、享子さんも少し気持ちが落ち着いてくる。

急傾斜の下り坂は、先ほどよりもはるかに足を滑らせそうであった。気を付けないと転んで怪我をしそうである。享子さんは、女性の後を慎重に歩きながら付いていった。

しばらく山道を進みながら、このまま無事に下山出来そうだと、内心ほっとひと息を

聞こえてくる。

「おねえさーん、まってくださぁい、もうおいつきますから」

そう叫ぶ声が、かなり近い距離で聞こえた。そしてまた、げらげらげら、と笑い声が聞こえてくる。

女性は、ひいっ、と息を呑むような悲鳴を上げ、「下り坂にまで出るなんて、あんたはいったい何を連れてきたの⁉」と言いながら、再び山道を駆けていく。

「待ってください！」と呼びかける享子さんに、「走りなさい、置いていくわよ！」と、女性は振り向くことなく、急な下り坂を走り続ける。

享子さんは女性の後を追いながら、懸命に山道を駆け下りた。

ただでさえ足元の悪い山道のうえ、さらに下り坂である。何度も転んでは手をつき、膝を擦りむいた。崖から落ちそうにもなって木の枝に掴まり、壊れかけた柵にしがみつき、固い岩に尻餅をつきながらも、消えそうになる女性の後ろ姿を必死に追った。

すぐ後ろからは、「おねえさーん、まってくださぁい」と叫びながら、げらげら笑う女の子の足音が迫ってくる。

だから、前を行く女性が足を止めて、「山はここで終わり」と言った時には、享子さんは怪我だらけの身体でその場にへたり込んでしまった。

先導してくれたお礼と、山へ勝手に入った非礼を詫びたが、女性は相変わらず険しい顔をして、「もう二度と来ないように」と念を押すと、あとは手をひらひらと振って、その場から追い払うように帰された。

当然だが、もう一度山を越えて戻るわけもない。山をぐるりと迂回《うかい》して歩き、自転車を回収して帰宅した時には、すっかり夜も更《ふ》けていた。旦那さんはとても心配したようで、「どこへ行ってたんだ」とえらい剣幕である。

嘘をつく気力もなかった享子さんは、これまでのことを正直に話した。

何を馬鹿なことを、と怒られると思っていたのだが、旦那さんは一言も発せず最後までじっと耳を傾けている。

そして聞き終えると、深くため息をついてから、享子さんにこう話して聞かせた。


落とされ坂の噂は、本当の話だ。

ここらでは、行っちゃいけない場所と言われている。僕は半信半疑だけどね。

ただ、君の話には、いくつか違うところがある。

まず、うちの親族には、東京の大学に通う女の子は一人もいない。

ずいぶん前に、旅行者として訪れた東京の美大生が、あの山の見晴らしの良い場所でスケッチをしているうちに、足を滑らせたのか、崖から転落して亡くなった。

真っ白な服が血で染まってね、それは無残な亡くなり方をしたらしい。

それ以来、あの山では、君が出逢ったのとよく似た、真っ赤な服を着た女の子が出るとは聞いたことがある。

それと、あの山は、誰かの所有物じゃない。行政が管理しているはずだよ。

だから、君が出会った、山の持ち主という女性は存在しないはずだし、似たような年格好の人も、この地元では思い浮かんでこない。

君が会った女性は、いったい誰だったんだろう。

あと、君は上りが危険だと聞いたらしいけど、あの山で怪我人や死人が出るのは、たいてい下り坂の時なんだ。

君は運動神経が抜群にいいし、いつも運動靴だからまだ良かったけれど、そうじゃなければ、これくらいの怪我では済まなかったかもしれない。

何より、落とされ坂の話では、出てくるモノの姿は確かに毎回違うけれど、ひとつだけ共通していることがある。
それは、必ず二人組で出てくるところだ。
そう話し終えると、あそこにはもう行くな、と静かな声で言った。

いろいろと聞きたそうな享子さんの様子を察したのだろう、旦那さんは、これは昔からそういうものだ、古くから伝わる得体の知れないモノに深入りするな、そう言ったきり、二度と落とされ坂の話はしなかったという。
享子さんもそれ以上聞かなかったが、それからは、旦那さんの実家へ帰省するのが怖くなり、忙しいから……などと言って、毎回断ったそうである。

初めてこの話を聞いた時は、ここで終わりになった。
でも、それから数年後、旦那さんは、不倫相手とあの山で亡くなった。
それを後日談として笑いながら話す享子さんには震えたが、これはまた別の話――。

砂かけじじい

飲食店勤務の長い高橋《たかはし》さんは、数年間、海沿いのレストランで働いたことがある。

店の前にある道路を越えると、その先には岩場に囲まれた小さな浜辺があった。

大きな岩が多くて海水浴ができる場所ではなく、岩場での事故も何度かあり、近所の子どもたちはその浜辺で遊ぶことを禁じられていたので、滅多に人の寄り付かない場所になっていた。

ただその浜辺には、毎年初夏の頃、近隣住民に「砂かけじじい」と呼ばれる老人が出没する。

どこに住んでいるのか、何者なのか、誰も知らない小柄な老人で、夕暮れの数時間、浜辺に姿を見せると、木の棒で砂浜に延々と人の名前を書くという。

興味を持った人が近づいて声をかけたり、砂浜に何を書いているのか読もうとすると、「ごらぁ！」「あっち行けっ！」などと、物凄い剣幕で怒鳴りながら砂を投げつけてくるので、やがて「砂かけじじい」と呼ばれるようになったらしい。

とはいえ、放っておけば、何か人様に迷惑をかけるわけでもない。

初夏の頃の数日間、夕暮れ時に姿を見せるだけなので、地元では「きっとこの時期に家族と帰省して来た、浜辺に居る風変わりなおじいさん」という扱いで、真剣に素性を気にする人は特にいなかった。

ある夏の日、仕事の休憩中に高橋さんが店の脇で煙草を吸っていると、数日前から浜辺に居る例の老人が、彼に向かって手招きをしていた。

向こうから他人に声をかける場面など見たことがないので、興味がわいて浜辺まで下りてみると、老人は砂に書いた文字を指差しながら、ニヤニヤと笑いかけてくる。

砂浜には、「明治三十年　正文《まさふみ》」「昭和五年　弘毅《ひろき》」などと、年号と名前がセットになったものが、年代順に何十もズラッと書かれている。

高橋さんは、つい好奇心が湧いて読んでいくと、リストの後半には、自分の知っている親類縁者の名前が頻繁《ひんぱん》に出てくる。

しかもよく考えると、すべて彼らが亡くなった年号が書かれているではないか。

終盤、年号が平成まで来ると、亡くなった父親や叔父の名前がはっきりと書かれており、もはや疑いようもない。

にわかにこみ上げてきた悪寒に震えながらも最後まで見ると、これから先の未来――

翌年の年号の横には【敬一】と自分の名前が書かれていた。

ギョッとして顔を上げると、老人は砂に書かれた彼の名前を指差しながら、ニヤニヤと満面の笑みを浮かべていた。

思わず「ひいっ」と叫んだ高橋さんは、老人を突き飛ばすと、手から木の棒を取り上げ、砂に書かれた自身の名前をぐちゃぐちゃに消して、店まで逃げ帰ったという。

「それ以来、あの老人とは会っていません」と語る高橋さんに、「結局、翌年はご無事だったのですか?」と尋ねたところ、「実は、弟が亡くなりまして……」と小声で言った。

高橋さんは弟さんの死後、海沿いのレストランを辞め、今はまったく違う土地で働いているのだが、その夏以来、気味が悪いほど、まったく怪我も病気もしなくなったそうである。


どうして彼ではなく、弟が亡くなったのか気になったので、それとなく弟の名前を確認すると、高橋さんによく似た【敬二】であるという。

「棒で名前を消したとき、うっかり敬一に線を一本足しちゃったんですかね」と冗談めかして言ったところ、「あれはわざとやったんじゃない!」と、顔を真っ赤にしながら、高橋さんは激しい口調で否定した。

その姿に思わず、「本当ですか……?」と質問を重ねたところ、

「うるせえな。そんなに言うなら、今度の夏、あのじいさんが浜辺に居る時、アンタの名前も試しに書いてやろうか!?」

ときつく睨《にら》まれたので、私はそれ以上、何も聞くことができなかった。

もういいかい

怪談の収集をはじめてから、もう四半世紀以上が経つ。

ずいぶん多くの話を聞いてきたが、長期間にわたる現在進行形の怪異は少ない。

三十代後半の早織《さおり》さんが、最初に怪異に遭遇《そうぐう》したのは、もう二十五年以上前のことだ。

事の発端は、小学五年生まで遡《さかのぼ》る。

早織さんは、幼少期から中学生までの間、住宅街に山や池や原っぱが混在する、自然豊かな土地で育った。男勝りで活発な早織さんは、女の子とのんびり遊ぶよりも、男の子に混じって野球や鬼ごっこをしたり、魚釣りや虫採りをするほうが楽しかった。

小学校の近くには、みんなが『神宮の森』と呼ぶ場所があった。

神社を中心にして広大な鎮守《ちんじゅ》の森が広がっており、そこには鮒《ふな》の泳ぐ池や、野球のできる原っぱがあったので、地元の子どもたちはよくそこで遊んでいた。

夏休みまであと数日という初夏の昼下がり、早織さんは男友達と連れ立って、いつもの神宮の森へセミ採りにやって来た。

ところが、ここ数日、うるさいほど鳴きはじめたセミの声が、なぜか今日はぴたりと止んでいる。

いくら探しても一匹のセミも見つからず、次第に夕暮れが近づいて来てしまった。

このまま帰っては、あまりにもつまらない。それならば、広い神宮の森を使って、かくれんぼをしようということになった。

かくれんぼがはじまると、仲の良かった高橋《たかはし》くんという男の子が、「一緒に行こう」と、強く腕を引いてくる。普段は少し引っ込み思案で、友達の後を付いて歩く性格なのに、その日に限って、なぜか強引に早織さんを誘ってきた。

高橋くんは、早織さんの手を握り、「森外れの物置小屋へ行こう！」とぐいぐいと引っ張っていく。

神宮の森の外れには、両側を生け垣に仕切られた細長い横道があり、その突き当たりには、岩壁を背に小さな物置小屋が建てられていた。昔は神社の荷物が置かれていたようだが、本殿から離れて不便だったからであろう、すでに使われなくなり、朽ちて廃屋になっていた。

大人からは、危ないから近づかないように、と言われている場所である。危険で汚い小屋になど行きたくなかったので、早織さんは「やめておこうよ」とやんわり止めたが、高橋くんは頑として言うことを聞かず、ずっと「物置小屋へ行こう」ばかりを繰り返す。

こんなに自己主張をしてくる高橋くんも珍しい。押し切られてしまった早織さんは、仕方なく彼の後を付いて物置小屋へ隠れることにした。


扉を開けると、澱《よど》んだ埃《ほこり》っぽい空気がぶわっと押し寄せてきた。

神社で使用していたのだろう、白布が床に山積みされているが、どれも黴《かび》だらけである。壊れた清掃用具や廃材が散乱して、足の踏み場がないほどだ。

隠れるといっても、六畳程の小さな物置である。散らばったゴミを避けて、物陰にしゃがみ込むくらいのことしか出来ない。物置小屋に入るなり急に大人しくなった高橋くんは、早織さんに背を向けて白布の陰に座り込み、膝を抱えて丸くなった。

電気は切れているので、扉を閉めてしまうと、窓しかない物置小屋の中は昼間でも暗い。黙り込んだ高橋くんの背中を眺めるうちに、窓から射し込む日差しは、次第に夕暮れの色へ変わってきた。

不安になってきた早織さんは、「ねえ、やっぱり外に出ない？」と聞いてみたが、高橋くんは背中を向けたまま、「まあだだよ……」と呟《つぶや》いたきり、白布の陰から立ち上がろうとしない。

やがて、完全に日が暮れて、小屋の中は真っ暗になってきた。広くもない物置小屋なのに、部屋の隅が闇に溶けて見えない。目の前にはただ、高橋くんの白いうなじが見えるばかり。

友だちはとっくに私たちを置いて帰ったに違いない。それに、夜になったらお母さんに怒られてしまう。もう嫌だ、高橋くんを置いて家に帰ろう。

そう考えて、立ち上がった途端。

もーう　いーいかい

鬼役の友だちの声が、物置小屋の裏手から聞こえてきた。

すると、黙りこくっていた高橋くんが、「もーう　いーいよ」と、急に大声を出した。

心細くなっていた早織さんは、やっと見つけてもらえた安心感にほっとして、高橋くんと同じように、「ここにいるよ！」と、友達へ返事をしようと思ったのだが——。

「ふと、気がついたの。あれ、なんで、物置小屋の裏手から声がするの？　って。だって裏手は岩壁で、小屋との間に、人が入り込める隙間なんてないの。扉は一度も開いていないから、知らずのうちに入ってきて、私たちの後ろへ回り込むことなんて絶対に出来ないし」

だったらなんで、真後ろから、友達の声が聞こえてくるの……？

頭が混乱してその場に立ち尽くしていると、目の前に座っていた高橋くんがすっと立ち上がり「もーういーいよ」と、もう一度大きな声で叫ぶと、グルッと早織さんのほうに振り返った。

見た瞬間、早織さんの身体は恐怖で縮み上がった。

高橋くんは、飛び出すかと思うほど目を剥《む》き、口を大きく開け、声を出さずに笑っていた。

声もなく笑う顔が、暗闇にぼうっと浮かぶ様に、思わず悲鳴を上げそうになった、その時。

もーう　いーいかい

今度はすぐ後ろ、早織さんの耳元で、低い男の声がはっきりと響いた。

——絶叫、したという。

早織さんは、高橋くんを押しのけると、物置小屋から飛び出し、必死に神宮の森を駆け抜けて、自分の家へ逃げ帰った。

「ただね、もう夜になっていたはずなのに、飛び出すと外はまだ夕暮れ時で、かくれんぼをはじめてから、たいして時間も経っていなかった。それに、やんでいたはずのセミの鳴き声が、森のあちこちから聞こえてきて。怖いような、夢のような、不思議な気持ちになっちゃった」

翌日、一緒に遊んでいた友だちに学校で聞くと、「早織さんと高橋くんは、まるで見つからないから置いて帰った」とのこと。

鬼役だった子にも確認したが、物置小屋になんて探しに行っていないし、そもそもあんな所に隠れるのは反則だ、と怒られてしまった。

何やら白昼夢のようで、すべては自分の思い込みなのだろうか、そんな気持ちにもなったのだが、その日から、高橋くんは学校へ来なくなり、夏休みが明けても登校して来ることはなかった。

担任の教師に訊いても、「うーん……」と言葉を濁すばかり。親づてに、高橋くんの具合が悪いことだけは耳にしたが、友達に聞いても、誰一人高橋くんの容態を知る人はいなかった。

早織さんは、あの日、高橋くんを物置小屋に置いて帰ったことを後悔していた。

もし、そのせいで学校に来られなくなったのなら、どうすればいいのだろう。

心配が膨らみ、何度か高橋くんの家にもお見舞いに訪ねたが、応対に出る母親は、決して高橋くんには会わせてくれず、酷くやつれた表情で、「大丈夫ですから……」とだけ言って、玄関先でいつも追い返されるばかりだった。

やがて季節は秋を終えて、初雪が街に降る頃、高橋くんは一度も姿を見せないまま、家族と共に遠くへと引っ越してしまった。

早織さんにはいろいろと心残りはあったが、日々が忙しい子ども時代のことである。

年が明ける頃には、あの日の出来事も、高橋くんのことも、胸の内からすっかり消え去っていた。

ただ、ちょうどその頃から、早織さんの身には不思議なことが頻繁《ひんぱん》に起こるようになっていた。

たとえば、早織さんがお風呂に入っていると、外から「ねえ、もうお風呂いいかしら?」と母親に呼びかけられる。ちょっと長風呂だったかな、と思いながら、「もういいよ、あがるね」と返事をして扉を開けると、そこに母親の姿はなく、明かりの消えた部屋の暗闇が広がるばかり。

別の日には、早織さんがテレビを観ていると、後ろから父親が「おい、もういいか」と呼ぶ声がする。お父さん、別の番組が観たいのかな、と思って「いいよ、どうぞ」とリモコンを片手に振り向くと、そこには誰の姿もない。そういえば、まだお父さん仕事から帰ってなかった、どうしてお父さんの声がしたんだろう、と気味の悪い思いをする。

そんなことが、何度も続いた。

声の種類はいろいろである。とにかく、知っている人の声で呼びかけられる。ところが、返事をして振り向くと、そこには誰の姿も見当たらない。

呼びかける言葉、言い回しは毎回違うが、言っていることはひとつである。

「もういいかい」

そう、呼びかけられるのだ。

両親、友だち、教師、近所の人、すべて知っている人の声である。

しかも、時間や場所や、シチュエーションがばらばらで、不意打ちに近い呼ばれ方をする。

これでは、返事をしないほうが難しい。

怖いので、気を付けるようにはするのだが、やはりつい返事をしてしまう。

こうして早織さんは、週に一、二回、姿の見えない声に呼ばれるようになった。


怪異はこれだけでは終わらなかった。

声が聞こえるようになってから、早織さんは、悪夢にもうなされるようになってしまった。

夢の内容は、いつも同じ。

最初、見たこともない、古い日本家屋の玄関に立っている。

家の中を進んで行くのだが、どこも裸電球に照らされているだけの、狭くて汚い部屋ばかり。

やがて家の奥まで進むと、目の前に、延々と上へ続く、暗くて長い階段が現れる。あまりにも長いので、階段の先は闇に溶けて、行く先も見えないほどだ。

しばらく階段を見上げていると、そこから視点がつうっと上に滑り、視線だけが、長い階段を舐《な》めるようにゆっくりと上がっていく。

階段を半分ほど上ると、小さな踊り場があって、そこだけは裸電球で明るく照らされている。

そして踊り場を通り過ぎると、上への階段は益々暗くなっていく。

やがて一番上まで着くと、そこには背中を向けて立つ、男の子のシルエットが見える。

——夢はいつも、そこで終わる。

怖い目に遭うわけではない。ただ、暗い階段に浮かぶ男の子の後ろ姿を見ると、なぜか激しい恐怖がわき上がり、そこでハッと目を覚ましてしまうのだ。

そんなことが続くうちに、早織さんは声と夢の関係に気がついた。

もういいかい、と呼ばれて返事をすると、その夜は必ず悪夢を見る。

そればかりではない。どうやら夢を見るたびに、男の子が後ろを向いたまま、一段、また一段と階段を下りて来ていることにも気が付いた。

「それまでは、声に呼ばれるだけだから、だんだん慣れて、怖さも半減してきてたの。でも、返事をする度に男の子が階段を下りて来るのがわかってから、めちゃくちゃ怖くなっちゃって」

「夢だけじゃなくて、本当にあの子が、一歩、また一歩、自分へ近づいて来ている気がしたの」

それからは、呼びかけられてもずいぶんと気をつけるようになった。

声に呼ばれても、返事さえしなければ夢を見ない。

そして、夢を見なければ、男の子が階段を下りてくることもない。

騙《だま》されないように細心の注意を払っていたが、教室や部活、友達と遊んでいる時など、人が多く賑《にぎ》やかな場所で呼びかけられると、よほど気を張っていなければ、つい返事をしてしまう。

毎日ではなく、週に一、二回という頻度も、絶妙に気が抜けやすく、やがて早織さんが高校生になった時には、すでに階段を半分近く下りてきてしまっていた。

「その日も、つい返事しちゃったの。学校の帰り、駅の改札通ろうとしたら定期券が見つからなくて、あちこち探していたら、後ろから『ちょっとぉ、もういい？』って友だちに怒られて。あっごめん、いいよ、先に通って！　と返事をしたら、そこには誰もいなくて。友だちはちょうど、トイレに寄っていたみたい」

その夜、早織さんはいつもの夢を見た。

「階段の真ん中には踊り場があって、そこだけ天井から吊るされた裸電球の灯りで、ぼうっと照らされているの。男の子はとうとう、その踊り場まで来たんだけど――」

いつもは後ろを向いていた男の子が、正面を向いていた。

目を向いて、口を大きく開けて、声もなく笑っている。

あの日見たままの高橋くんが、こちらを向いて立っていた。

「彼の姿を見た瞬間、ああ、この子はもう生きてないんだ、とわかった。きっと高橋くんは、あの日、何かに追いつかれたんだと思う。次は彼が鬼で、私が追いかけられる役。一生懸命隠れるけれど、たぶん、見つかったら終わりなの」

翌日から、早織さんは誰に呼びかけられても、絶対に返事をしないと固く心に誓った。自分を呼ぶ声がしても、振り向いて、相手の姿を確認してからでなければ、決して返事をしない癖をつけることにした。

返事をするタイミングがおかしいので、他人からは時折変な目で見られたが、実際のところ、この方法は相当に効果があったようで、習慣にすると滅多に引っかからなくなった。

徹底して気をつけるようにしたところ、大学生、社会人と年を重ねるうちに、呼びかけられる頻度はめっきり少なくなり、週に一、二回だったものが、月に一回、半年に一回、やがて年に一回も呼ばれなくなった。

「働くようになってからは、もう、ほとんど呼ばれなくなった。ああ、ようやく終わったんだなって、正直、ほっとしていたんだけど」

早織さんは、就職してからほどなく結婚して、一児の母になった。

残念ながら結婚生活はうまくいかず、出産後間もなく夫とは離婚したが、息子は彼女が引き取って、それこそ目に入れても痛くないほど可愛がり、大切に育てたという。

「シングルマザーの生活は大変だし、子どもは手間がかかって、育児は本当にキツかった。でも息子を抱き締める度に、どんなことでもやり遂げられる気がした」

やがて、早織さんの息子が三歳になった頃。

公園で遊んでいる息子を遠くから眺めていると、急に誰も居ない方向へ振り返って、「いいよぉ」と返事をする声が聞こえた。

それだけではない。「あれ、ママどこぉ」と、誰もいないベンチの周りを探している。

早織さんは生きてきた中で、この時ほど、心から震え上がったことはなかったという。

その後、子どもの様子をよく観察していると、誰もいない場所へ向かって返事をする姿が、何度も見られるようになった。

「どうしたの」と聞くと、「あれえ、ママこっちにいたの?」などと首を傾《かし》げたりする。

保育園の先生にも確認すると、「そういえばよく、全然違う方角を見て、お友だちや先生の名前を呼んでいることとありますよ。子どもって面白いですね」と呑気な笑顔で言われた。

ここに至って、早織さんは、ついに覚悟を決めた。

ある日、息子が誰も居ない部屋の隅へ返事をした時、

「子どもには構わないで！　私が遊んであげるから」

と、叫んだそうである。

その日の夜。風呂場で髪の毛を洗っていると、すぐ近くに何者かの気配を感じた。もう、取り繕《つくろ》う気もないしわがれた男の声で、「もーいーかい」と呼びかけてきたので、早織さんは腹を括ると、「いいよ！」と返事をした。

その夜、久しぶりに、夢を見た。

そして、目を剥いて笑う高橋くんが、またひとつ、階段を下りて来た。


早織さんが返事をするようになると、声は子どもに呼びかけることはなくなった。

「だからね、声にお願いしたのよ。この子が大きくなるまで待って。そしたら、いくらでも遊んであげるから、って。そしたらね、呼びかけられるのが、半年に一回くらいになったの」


私がこの話を聴いて、実はかなりの年数が経つ。

幸い、早織さんは今も元気に働いており、子どもはもうすぐ中学生になる。

〝子どもが大きくなるまで〟とは、いったい何歳を指すのだろう。心配なので、年に一度、彼女がまだ元気でいるかを確かめるのは、私の毎年の習慣になっている。

以前、早織さんに、本当に大丈夫なんですか、あと何段残っているのか、きちんと数えているんですか、と尋ねたことがある。

「数えてないよ。だってもう、目の前だもの」

早織さんは、笑ってそう答えた。

まだ何ひとつ終わってはいない、現在進行形の話である。

お前じゃないの

先ほどの早織さんの話を初めて聴いた時、私はまだ怪談師でも、怪談作家でもなかった。

実は怪談師として正式な舞台に立った時、最初に披露したのが「もういいかい」の話である。


早織《さおり》さんから、人に語ったり、文章に書いても構わないと許可をもらった私は、すっかり意気込んで話をまとめようとしたのだが、非常に長期間にわたる話を聞いたので、どう話を整理すれば良いのかわからなくなってしまった。

そこで、当時仲良くしていた飲み友達を酒場に呼び出し、怪談の練習を兼ねて、まとめている途中の話を聞かせてみた。

彼は怖い話が大好きだったので、「これは凄い話だなあ」などと感激していたのだが、しばらくすると表情を曇らせて、「なあ、この女性、君のほかに誰か聴かせた人はいるのかな」と言った。

早織さんは理系の仕事に就いており、実際のところは、オカルトよりもサイエンスの人である。普段の彼女を考えると、友人や職場の同僚に、怪異の話を聞かせるようには思えない。

「きっと僕に聞かせたのが初めてだよ。どう、取材上手でしょ?」と自慢してみせると、飲み友達の表情はさらに険《けわ》しくなった。

もう、目の前なんだよな。万一の話だけど、もし、早織さんに何かあったとして。次に追いかけられるのは、お前じゃないの。

友人に、そう言われてしまった。

ただしばらくすると、「あっ! 俺も聴いたから、お前が次とは限らないか。勘弁しろよ、二択はやばいって。俺も人に話すから、ちょっとお前も頼むぞ!」と困り顔で叫んでいた。

怪談師として初舞台で語ってから、この話もずいぶんたくさんの人に聴かせてきた。さすがに次は、私ではないだろう。そう思う、今日この頃である。

蛇が来る

今でこそあまり見かけなくなったが、私が小さい頃はまだ、いわゆる「掘立小屋《ほったて》」とでも言うべき、粗末な板張りの小屋が、街にひとつやふたつは普通にあったものだ。その多くは、使われなくなった物置小屋や、作業場だったりするのだが、てっきり廃屋だと思って窓から覗《のぞ》いたら、中の住人に怒鳴られて逃げ出した思い出もある。

岩本《いわもと》さんが中学生の頃なので、昭和四十年代のことである。彼が高校生まで過ごした土地では、そうした掘立小屋をあちこちで見かけたという。

岩本さんの父親は旋盤工職人だったが、腕の良くない怠け者で、せっかく人に世話してもらった仕事でも、いい加減ばかりをしてすぐ馘《くび》になる。母親が近所の八百屋を手伝い、苦労して生活費を稼いでいたのだが、父親にはどこ吹く風で、近所のろくでなし数名とつるんでは、働きもせず昼から酒を飲み、麻雀に明け暮れて過ごしていた。

住んでいた場所は、隣室と会話出来るほど壁が薄く、風呂も便所も共用という、絵に描いたような貧乏長屋だったが、地元では岩本家がとりわけ貧乏というわけでもなく、工場勤めや肉体労働者が多い土地だったので、一部の羽振りの良い職人を除いては、職が安定せず低所得や無職の家庭も多かった。

周囲には古くからの建物がまだ相当数残っており、人が住まなくなったり、使われなくなった廃屋がいくつかあったが、その中でもとりわけぼろぼろの小屋が、近所の原っぱに建っていた。

持ち主は、近隣一帯の土地を所有する地主の老人で、このあたりに何箇所もアパートや駐車場を作っては、賃料で優雅に暮らしていた。

所有する土地の大半は、遊ばせることなく活用しているのに、小屋のある原っぱだけは、なぜか手付かずで整備もされないまま放置してある。

それどころか、周囲に柵と鉄条網を巡らせて、人が入らないようにしており、たまに忍び込んだ子どもが見つかると、その親までが地主にこっぴどく怒られるので、近所の大人は皆、「あそこには絶対に入るな」と子どもたちに釘を刺していた。

ある年、猛烈な台風が襲来して、街中で屋根や窓が壊れたり、浸水したり、辺りの木が折れたりと、かなりの被害が出たことがある。地主宅の立派な屋根瓦まで吹き飛んだというのに、どこよりも粗末な例の小屋だけは、どこも壊れることもなく、嵐の後も平然と原っぱに残っていた。

それを知った近所の年寄り連中が、なぜか非常に厭《いや》そうな顔をするのを見て、岩本さんは子ども心に、「あの掘立小屋には何かある」とうっすら感じたという。

高校生になった岩本さんは、学校をサボっては河川敷《かせんじき》へ行き、友達と煙草を吸ったり、酒を飲んだりして遊ぶことが多かった。

その日も授業を抜け出して河川敷へ行ったのだが、一緒につるんでいる友人たちが誰も来ていなかったので、そのまま帰宅するのもつまらなく、ガード下に暮らす徹次《てつじ》さんの元へ寄ることにした。

徹次さんは、いわゆるホームレスである。この土地では、何かの理由で仕事が出来なくなると、住処を河川敷に移し、路上生活をする者も少なくなかった。

腕のいい職人だった徹次さんは、四年前の転落事故で左手がほとんど動かなくなり、それを機に職も家も失ってしまった。今ではガード下の一角を占拠して暮らしている。

かつて長屋の近くに住んでいた徹次さんは、父親と知り合いだったこともあり、よく小学生の岩本さんとキャッチボールなどをしてくれた。徹次さんのことは大好きだったので、元気にしているだろうかと、今でも時折、様子を見に行くことがあった。友人と飲もうと思っていた安酒を手土産に乾杯しつつ、とりとめのない話をしていたのだが、たまたま岩本さんが、例の小屋の話題に触れた。

途端に徹次さんは怯《おび》えた顔になり、「あそこは蛇が来る」と震える声で言った。俄然《がぜん》興味のわいてきた岩本さんは、どういうことか徹次さんに何度も訊いたが、彼がやたらと怖がっているため、話がなかなか要領を得ない。

なんとか聞き取った話を、わかる範囲でまとめてみれば、こういうことだ。


徹次さんは河川敷に居を移してから、兆《ちょう》さんという、かなり年上のホームレス仲間が出来た。背中には観音様の入れ墨が大きく彫られていたので、昔はその筋の人間だったのかも知れないが、今では気さくで面倒見の良い老人だった。左手が不自由な徹次さんを見かねて、いろいろと手助けしてくれたようである。

河川敷の暮らしや、路上生活のノウハウを教わり、ずいぶんと助けられた。その代わり、徹次さんは毎晩、兆さんの痛む腰を揉むのが日課になっていた。

その晩も兆さんの所を訪れると、「お供え物の酒を盗りに行こう」と誘われた。場所を尋ねると、原っぱにあるぼろ小屋だという。

徹次さんが「あんな廃屋に酒や食べ物はないだろう」と一笑に付すと、兆さんは真剣な顔で、「昼間、一升瓶を持った地主の爺さんが、小屋に入るのを見た」と言う。

不審に思って様子を見ていると、しばらくして出てきた地主の手にはもう酒瓶がない。あの小屋の中で、何か大切な物を祀《まつ》っていると噂で聞いたことがあるが、さては本当のことだったのか。今なら、新鮮な酒が丸ごと手に入る、と兆さんは思った。

ただ、昼間は人目につく。兆さんは、すぐにでも飲みたい気持ちをぐっと堪《こら》えて、夜が更《ふ》けるのを待ち、今こうして「小屋に忍び込んで、今夜はあそこで酒盛りをしよう」と徹次さんを誘った次第である。

さて、ここから先、小屋に忍び込むあたりから、徹次さんが怖がるあまり、話が不明瞭になるのだが、とにかく、小屋の中には祀られている物と一升瓶があったようで、二人は喜んで酒を酌み交わした。やがて兆さんは酔い潰れて先に眠ってしまい、徹次さんも次第にうとうとしはじめた時――。

「地面から、蛇がたくさん湧き出て来た」そうである。

蛇は瞬く間に眠った兆さんを覆った。徹次さんは必死に追い払おうとしたが、あまりに大量の蛇でどうにも出来ない。やがて自分の方にも向かってきたので、恐ろしくなり兆さんを置いて小屋から逃げ出してしまった。

翌日、兆さんが河川敷に姿を現さないので、心配していると、数日後、小屋の中から遺体で発見されたという。


確かに、二年ほど前、例の小屋の中で、老人の亡くなる事件があった。

殺人事件か？　と当時中学生だった岩本さんは大いに盛り上がったものの、特に外傷もない自然死で、小屋へ忍び込んだホームレスが、酒を飲んで亡くなっただけの事件、と聞かされ、すっかり興味を失くした思い出がある。

まさか、あの事件の裏に、こんな出来事があったとは。

ますます興味津々になった岩本さんは、もう一度小屋へ行こう、と徹次さんを誘ったが、彼は絶対に嫌だと言って譲らない。岩本さんは仕方なく河川敷を後にすると、近所に住んでいる猿助先輩を探すことにした。

この「猿助」とは先輩のあだ名で、本名は彦助なのだが、彼の口元の突き出した顔があまりにも猿に似ているということで、地元の皆からは猿助と呼ばれていた。

中退してしまったが、岩本さんの通う高校の元先輩で、金がなくなるとたまに日雇い労働をしながら、普段は親と同居してぶらぶらと過ごしている。

あの人なら、酒か小銭で釣れるだろう、そう思った岩本さんは、自宅へ戻ると天井裏から父親秘蔵のウイスキーを拝借し、猿助先輩の家を訪ねた。

猿助先輩は、縁側に寝転がって、真っ昼間から高鼾《いびき》をかいている。岩本さんが声をかけると面倒そうに起き上がったが、彼が手に持つウイスキーを見ると目が輝き、「さてはてめぇ、俺に頼み事だな」とニヤリと笑った。

岩本さんは、徹次さんの見たことは伏せつつ例の小屋の話をした。

そして「あそこには、夜になると、蛇がたくさん出るらしいんです。河川敷でホームレスのおっちゃんから聞きました。どうです、今夜、蛇を捕まえに行きませんか。泡盛に漬け込んで、ハブ酒だと言って売りましょうよ」と持ちかけた。

今夜付き合ってくれれば、小屋でウイスキーを飲めると聞いた猿助先輩は、すっかりやる気を出し、二人は夜中に再会を約束をした。

最近は泊まりの夜遊びも多いので、「ちょっと出てくるわ」と0時過ぎに外出する岩本さんのことを、両親は止める気配もない。待ち合わせ場所で猿助先輩と合流すると、深夜の原っぱへと向かった。

二人は周りに誰もないないことを確認すると、ペンチで鉄条網を広げ、柵を外し、こっそりと中へ入った。小屋の入口には、小さな南京錠がかけられていたが、音がしないよう布にくるんだトンカチを取り出すと、それで何度か叩いて留め金を壊した。

窓のない小屋なので、中は真っ暗である。持参した懐中電灯で照らすと、そこは六畳程の空間で、定期的に掃除をしているのか、表から見るほどには汚れていない。

そして部屋の真ん中には、人の頭より大きな丸石が置かれていた。

丸石には、幣束《へいそく》の付いたしめ縄がかけられている。確かに、何かを祀っているようだ。

今のところ、どこにも蛇の気配はない。

「蛇が出て来るまで待ちましょう」と岩本さんがウイスキーを取り出すと、猿助先輩は「待ってましたぁ！」と大喜びして、二人はそのまま宴会をはじめた。

気づけば、夜中の三時を回っている。

猿助先輩は、「蛇なんてどこにも出ねえじゃねえか」と欠伸《あくび》をして、「もう寝るぞ」と床に丸まってしまった。

徹次さんの話と展開が似て来たので、いよいよ出るか、と岩本さんは期待したが、しばらく待っても何も起きない。

まあ実際はこんなもんか……と、期待が外れて退屈してきた岩本さんは、部屋の真ん中に置かれている丸石を観察することにした。

大きいが、持てないほどでもない。しめ縄を外し、持ち上げていろんな角度から見てみたが、丸くてつるつるしている以外には、特に変わったところもない。

きっと、地主のご先祖様が眠っているとか、どうでもいい謂《いわ》れがあるのだろう。眺めることにも飽きてしまい、岩本さんは丸石を部屋の隅へゴロリと放り投げた。

そして、視線を何気なく丸石の置かれていた場所へ向けると――。

床から「黒い何か」が溢れ出していた。

黒く、細長い紐のようなモノが、何十と蠢《うごめ》いているのだ。

徹次さんの言っていた、「蛇が出て来た」とは、これのことだろう。

だが、どう見ても生き物ではなさそうだ。懐中電灯で照らしても、その姿はどこか不明瞭で、まるで靄《もや》のように輪郭がぼやけている。

そして、黒く長い靄の束は、くねくねとのたうちながら、少しずつ、床で眠る猿助先輩へと近づいて行く。

あまりのことに身動き出来ない。硬直したまま見ていると、それはやがて猿助先輩の全身を覆ったかと思うと、突然、潜り込むように彼の体内へ入り込んでいった。

ようやく我に返った岩本さんは、「先輩ッ！」と叫んで近寄ると、起こそうと身体を強く揺すぶった。その間、猿助先輩は眠ったまま、ぜえぜえと苦しそうに息をしている。

やがて、腕の中で猿助先輩の身体が、小刻みに痙攣《けいれん》をはじめた。

これは本格的にマズいと思った岩本さんは、「起きてください！」と大声で呼びながら、何度も何度も彼の頬を平手打ちした。それが功を奏したのか、「ううぅ……」と、猿助先輩が意識を取り戻しかけてきた。

その途端、目覚めが合図であるかのように、彼の全身から、黒い靄が、くねくね、くねくねと無数に這い出して来た。

思わず飛びのいた岩本さんの足元を抜けて、黒い靄は再び、湧き出してきた部屋の真ん中へと戻っていく。

すべての黒い靄が床へ消えたのを見届けると、岩本さんはその上にもう一度丸石を載せて、しめ縄をつけ直した。

猿助先輩は、息はあったが、呼びかけてもまともに返事をせず、虚ろな目でぼんやりとしている。

とにかく出ようと外へ引っ張って行ったが、小屋を出たところで、猿助先輩は、急にグギギギギ……と獣のような唸《うな》り声をあげはじめた。

血走った眼で、獣のように咆哮《ほうこう》する姿があまりに不気味で、ついに恐怖の限界を超えた岩本さんは、そのまま彼を原っぱに残して、家へと逃げ帰ってしまった。


翌日、街を彷徨《さまよ》っている所を保護された猿助先輩は、両親の顔も思い出せないほど錯乱しており、やがて少しずつ落ち着いてはいったものの、その後も決して元通りになることはなかった。

後日見舞いに行くと、猿助先輩は縁側でぼんやりと座ったまま、岩本さんが話しかけても一切反応することはなく、終始無言のままだった。

ただ、岩本さんには、猿助先輩がなぜこうなったのか、なんとなくわかっていた。

あの夜、身体から這い出た黒い靄は、明らかに最初よりも増えていたのだ。

猿助先輩から、何かを奪って、その数を増やしたに違いない。

自分勝手な好奇心が招いた結末に、岩本さんの胸の内には、申し訳ないという昏《くら》い後悔が広がり、以来、あの小屋に近づくことは決してなかったという。

岩本さんが高校を卒業して、就職のために地元を離れるまで、原っぱも小屋もずっとそのままであったが、十数年ぶりに故郷へ戻った時、街は再開発で大きく様変わりをしており、原っぱのあった一帯は、何棟もの集合住宅へ姿を変えていた。

あんな場所に団地を建てても大丈夫なのかと思ったが、そのまま二十年以上が経ち、今でもその土地には人が住んでいるという。

話を聞き終えた私が、「その場所、本当に平気なんでしょうか?」と尋ねると、岩本さんは、「いやあ、実は駄目らしいよ」とあっさり即答した。

「定年退職してようやく故郷へ帰ってきたんだけど、俺も最初にそれが気になってさ。例の場所に足を運んだら、団地の中でも明らかにそこだけ住んでいる人が少なかった。好奇心については後悔してるから、わざわざ調べたりはしなかったけど、ずっと気にはなっていたんだよね。そうしたら、偶然飲み屋で知り合った人が、例の場所で怖い目に遭ったと聞かせてくれて」

「だから今日は、こいつにも続きを話してもらおうと、わざわざ来てもらったんだ」

そう言って岩本さんは、彼の横に座る浅井《あさい》さんを改めて紹介してくれた。

「〝ばんもんの部屋〟って、勝手に名付けてる話なんですけどね……」

個人経営で清掃業を営んでいるという浅井さんが、私にそう話しはじめた。

あとがき　―実話怪談の浪漫―

私は小学生の頃から、怪奇、怪異の類が大好きでした。

人が現れては消える四次元空間に慄《おのの》き、深い森や湖の奥底に潜む未確認生物に胸躍らせ、世界の七不思議や古代遺跡の謎に思いを馳せ、ＵＦＯの写真を見ながら未知との遭遇に憧れる、そんな少年時代を過ごしていました。

きっと、未知のモノ、解き明かされないナゾ、そういったものが好きなのでしょう。今でもそれは変わりませんが、私が大人になる頃には、サイエンスやテクノロジーの飛躍的進歩が、謎を謎のままにはしておいてはくれませんでした。

世界から未知の部分が失われていくにつれ、私がワクワクしたものの多くは、ありふれたインチキや捏造《ねつぞう》、詐欺やこじつけという、退屈な答えが待っていたのです。

そんな中、常に私の心を捉え続けたのは、実話怪談の世界でした。

実話怪談は、「実際に聞いた話」であって、「実際に起きた話」とは限りません。なんせ個人的な体験談ですから、事の真偽を確かめようがありませんし、真偽の追究にはそんなに意味があるとも思えません。私にとって大切なのは、実話怪談という枠の中で、怪奇が怪奇のまま、息づいているということなのです。

とはいえ、実話怪談やオカルト好きの方たちには、様々な層がいらっしゃいます。心霊や怪奇を明確に信じており、その存在を「証明」したい方もいるでしょう。そういう方は、話だけ、文章だけの怪談では物足りず、映像や写真、物的証拠を絡めた話のほうが興奮するかもしれません。そのジャンルもまた楽しく、私も大好きです。

あるいは、存在の証明とまではいかなくても、出来るだけ信じさせてほしい、心霊の存在を感じさせてほしい、という方もいるでしょう。そういう方は、大仰な怪談話よりも、たとえ地味でも構わないので、話の「リアルさ」を重視するかもしれません。それもまた、実話怪談が本来持つ、大切な意味合いのひとつでしょう。

さて私は、心霊の存在を信じるか、信じないかで言えば、「どちらでもいい」派です。不思議な体験をしたり、この世ならざるモノを見た（気がする）経験はありますが、とはいえ何かを証明したいがために、長年怪談を集めたわけではありません。半信半疑ともまた違う、〝あったらいいな〟という感覚で、これまで怪談を収集してきました。

ですから私は、面白い話を聞いたとき、話の詳細や人間関係について追加取材は多めに行いますが、どんなに派手で驚くような話でも、それが本当に起きたことなのか、という裏はとりません。こんな面白い話、〝あったらいいな〟と思うからです。個人の体験を大切にしたまま、確かなモノと不確かなモノ、それらが混じり合う境界線、怪奇が怪奇のままで存在しうる浪漫こそが、何よりも私を惹きつけてやまないのです。

逢魔が刻、という言葉があります。魑魅魍魎に出逢う時刻なので、真夜中だと思っている方もいらっしゃいますが、これは日が暮れてから、夜の闇が訪れるまでの時間を指します。黄昏は、誰そ彼れとも書き、夕暮の薄闇の中、行きかう者同士、誰が彼なのかわからなくなる、そんな瞬間は人ならざるモノにも出逢う。まさに逢魔が刻です。夕暮れの宵闇、この世とあの世、現実と非現実が曖昧になる境界、そこに実話怪談の浪漫があると思っています。本書から少しでもその味わいを感じていただけたなら幸いです。

最後になりましたが、初の単著を出させていただくにあたり、竹書房の皆さまと、ご担当くださった中西様には大変お世話になりました。文章につきましても、適切なご指摘を数多く賜り、感謝の念に堪えません。

そして何より、この本を手に取って、ここまで読み進めてくださった読者の皆さまには深く感謝申し上げます。本書が、皆さまと実話怪談の良い出逢いとなりますように。

二〇二〇年　夜馬裕

厭談　祟ノ怪

2020年10月5日　初版第1刷発行

著者　夜馬裕
編集　中西如(Studio DARA)
発行人　後藤明信
発行所　株式会社 竹書房
〒102-0072 東京都千代田区飯田橋2-7-3
電話03(3264)1576(代表)
電話03(3234)6208(編集)
http://www.takeshobo.co.jp
印刷所　中央精版印刷株式会社

定価はカバーに表示しています。
落丁・乱丁本の場合は竹書房までお問い合わせください。

ISBN978-4-8019-2406-2 C0193